Fry • Besser Dressurreit

Reiter- und
Fahrerbibliothek

Laura Fry

Besser Dressurreiten

Müller
Rüschlikon

Umschlaggestaltung:
Anita Ament

Titelbild:
Nicole Uphoff-Becker (D) auf Rembrandt

Foto Seite 2:
Diese Reiterin arbeitet an der Longe, um ihren Sitz zu verbessern.

Impressum

Titel des englischen Originals: Discovering Dressage
Aus dem Englischen übersetzt von Bettina Borst

ISBN 3– 275–01201–0

3. Auflage 2000

Titelfoto: Elisabeth Weiland, CH-8702 Zollikon
Lektorat: Carola Nowak
Herstellung: Hermann Lambrecht
Satz: Vaihinger Satz und Druck, D-72665 Vaihingen an der Enz
Gesamtherstellung: Stückle Druck und Verlag, D-77955 Ettenheim
Printed in Germany

Inhalt

	Einleitung	6
Kapitel 1	Haltung und Sitz des Reiters	7
Kapitel 2	Die Hilfen	15
Kapitel 3	Vorbereitung auf die Dressurarbeit	19
Kapitel 4	Die Gangarten des Pferdes	27
Kapitel 5	An den Zügel stellen	38
Kapitel 6	Übergänge, Halten und Rückwärtsrichten	48
Kapitel 7	Die Entwicklung von Takt, Gleichgewicht und Schwung	76
Kapitel 8	Geraderichten und Losgelassenheit	85
Kapitel 9	Einige Grundübungen	91
Kapitel 10	Einführung in die Arbeit auf zwei Hufschlägen	100
Kapitel 11	Vorbereitung aufs Turnier	114
	Adressen	122
	Sachregister	123

Einleitung

Welcher Reiter hat das nicht schon erlebt: Man steht am Zaun und beobachtet ein Pferd, das sich auf der Koppel mühelos und voller Kraft und Ausdruck im starken Trab bewegt, während man selbst sich denkt: »Wenn es doch nur so gehen würde, wenn ich im Sattel sitze!« Beim Dressurreiten versucht man, genau das zu erreichen. Die Dressurarbeit soll dazu beitragen, die natürlichen Fähigkeiten des Pferdes zu entwickeln, so daß es seinen Körper wirkungsvoll und mit sportlicher Kraft einsetzen kann. Dabei soll es immer im Gleichgewicht bleiben, auch wenn es einen Reiter trägt.

Durch den Reiter verschiebt sich der natürliche Schwerpunkt des Pferdes, und es gerät aus dem Gleichgewicht. Von Natur aus ist das Pferd vollkommen ausbalanciert, und so sollte das Ziel des Reiters darin liegen, dieses natürliche Gleichgewicht wieder herzustellen. Er muß das Pferd in die Lage versetzen, sich auch unter dem Sattel im vollkommenen Gleichgewicht und in Selbsthaltung zu bewegen. Selbst wenn man gar nicht den Ehrgeiz hat, jemals in die höheren Klassen der Dressur vorzudringen, ist doch das Beherrschen der Grundlagen – also des richtigen Sitzes, der Hilfengebung, der Gangarten des Pferdes und einiger grundlegender Dressurübungen – das Fundament, auf dem jede reiterliche Betätigung aufbaut. Die Dressur ist die Basis aller anderen Disziplinen. Ein gut ausgebildetes Pferd reagiert auf feine Hilfen, geht frei und taktrein vorwärts, ist losgelassen und trägt sich selbst – und es ist eine Freude, ein solches Pferd zu reiten.

Dem Zuschauer sollte sich ein Bild von Eleganz und Leichtigkeit bieten, wenn Pferd und Reiter sich in perfekter Harmonie befinden. Wenn man sich darum bemüht, diese Übereinstimmung zwischen Pferd und Reiter zu entwickeln, indem man Gehorsam, Gleichgewicht, Geraderichtung und Losgelassenheit fördert, so wird das Ergebnis eine größere Leistungsfähigkeit auf allen Gebieten sein.

Laura Fry

1

Haltung und Sitz des Reiters

Man darf die Bedeutung des guten Sitzes nicht unterschätzen. Ohne eine korrekte und ausbalancierte Haltung im Sattel wird der Reiter nicht in der Lage sein, wirksame Hilfen zu geben – und deshalb wird er ohne guten Sitz auch nicht so auf das Pferd einwirken können, wie er es möchte. Um dem Pferd wirkungsvolle und exakte Hilfen geben zu können, muß der Reiter in

Ein guter Sitz ist sehr wichtig.

seinem Sitz sicher sein. Nur durch eine gute Haltung im Sattel kann er auch völlig im Gleichgewicht mit dem Pferd bleiben, wenn dieses auf die Hilfen reagiert. In einem korrekten und wirkungsvollen Sitz stecken viele Jahre harter Arbeit, und man muß ständig daran arbeiten, seine Haltung auf dem Pferd zu verbessern. Selbst die erfahrensten Reiter feilen noch an ihrem Sitz. Bevor man mit der Arbeit zu Pferd anfängt, sollte man mehrere Punkte berücksichtigen.

DAS GLEICHGEWICHT

Darunter versteht man die Fähigkeit des Pferdes, das eigene Körpergewicht zu tragen. Unter dem Reiter ist eine gewisse Körperbeherrschung nötig, damit dessen Gewicht das Pferd in keiner Weise behindert. Der Reiter muß sogar in der Lage sein, das Pferd zu unterstützen! Sein Anliegen ist es nämlich, dem Tier zu einem Maß an Körperbeherrschung zu verhelfen, das es in der freien Wildbahn nicht erreichen würde. Die Balance des Reiters ist eher durch Einfühlungsvermögen zu erreichen als durch körperliche Kraft. Wie bei anderen sportlichen Aktivitäten, so werden auch beim Reiten Muskeln beansprucht, die sonst nicht häufig benötigt werden. Außerdem muß man lernen, verschiedene Muskeln zu entspannen, die man normalerweise häufig gebraucht, die aber zum Reiten nicht nötig sind. Als Reiter entwickelt man also eine neue Kontrolle über seine Muskeln. Das ist ein permanenter Prozeß, der durch ständige Übung und Selbstdisziplin immer besser funktioniert.

DIE ATMUNG

Die Atmung ist viel wichtiger, als manche Reiter anfangs denken. Wenn man unregelmäßig atmet oder den Atem womöglich sogar anhält, verspannt und versteift man seinen Körper. Das überträgt sich auf das Pferd und führt außerdem zu einer rascheren Ermüdung des Reiters. Man muß versuchen, gleichmäßig zu atmen und sich bei jedem Atemzug zu entspannen. Gleichzeitig darf man die Schultern nicht steifmachen oder hochziehen, weil die Atmung dadurch behindert wird.

DER SATTEL

In diesem Stadium ist es nicht unbedingt notwendig, einen Dressursattel zu benutzen, aber es ist wichtig, daß der Sattel dem Pferd und dem Reiter paßt. Dressursättel haben normalerweise einen tieferen Sitz als Springsättel, und die Steigbügelschlösser befinden sich knapp vor dem tiefsten Punkt der Sitzfläche. Dadurch kann der Reiter die Beine unter dem eigenen Schwerpunkt halten und sie wirkungsvoller einsetzen. Gleichzeitig ermöglicht

Dieser Sattel ist zum Dressurreiten geeignet.

Ein nach vorne geschnittener Springsattel eignet sich nicht zum Dressurreiten.

ihm diese Sattelkonstruktion einen aufrechten und eleganten Sitz.

Ein Springsattel positioniert die Beine des Reiters weiter vorne, weil die Steigbügelschlösser deutlich vor dem tiefsten Punkt der Sitzfläche angebracht sind. Außerdem sind die Sattelblätter nach vorne geschnitten, so daß sie den Knien Halt bieten. Dadurch kann man beim Springen das Gleichgewicht besser halten, aber für die Arbeit im Dressurviereck befinden sich die Beine zu weit vorne. Wer nur einen Springsattel besitzt, wird merken, daß es nicht so leicht ist, darin einen guten Dressursitz zu entwickeln. Es ist hilfreich, die Steigbügelriemen länger zu schnallen, aber man wird auch dann noch merken, daß die Unterschenkel aufgrund der Steigbügelaufhängung nach vorne rutschen.

Ein Vielseitigkeitssattel ermöglicht sowohl einen einigermaßen bequemen Dressursitz als auch einen akzeptablen Springsitz, wenn man die Bügelriemen zum Dressurreiten länger und zum Springen kürzer schnallt.

Die Bügelriemen verlaufen im rechten Winkel zum Boden. Wenn der Sattel zum Reiter paßt und richtig auf dem Pferd liegt, sollten die Beine locker unterhalb des Gesäßes hängen, sobald man sein Gewicht auf den tiefsten Punkt des Sattels verlagert. Die Fußballen sollten bequem auf dem Bügeltritt aufliegen, ohne daß die Bügelriemen nach vorne oder hinten gezogen werden.

DER SITZ

Um einen korrekten Sitz zu entwickeln, muß man zunächst seine Sitzknochen erspüren. Dazu nimmt man die Füße aus den Bügeln, hält den Rücken gerade und zieht beide Knie bis zum Widerrist des Pferdes hoch. Dadurch wird das Gewicht von den Knien und Oberschenkeln genommen und liegt vollständig auf den Sitzknochen. Jetzt bewegt man sich hin und her, bis man im tiefsten Punkt des Sattels sitzt. Man sollte nun spüren können, ob man auf jedem Sitzknochen gleich viel Gewicht trägt. Wenn man sich nicht sicher ist, kann man noch einmal etwas hin und her wackeln, bis man das Gefühl hat, daß das Gewicht gleichmäßig auf beide Sitzknochen verteilt ist.

Nun konzentriert man sich auf den unteren Rückenbereich, wobei die Beine oben bleiben. Man sollte das Gefühl haben, daß dieser Bereich stabil und gefestigt ist, und sich vergewissern, daß man weder ein Hohlkreuz noch einen runden Rücken macht. Es ist wichtig, daß man sich groß macht und aufrecht sitzt. Die Schultern sollten sich auf einer gedachten senkrechten Linie direkt über den Hüften befinden. Man muß aber nicht nur aufrecht sitzen, sondern auch gerade. Um sicherzugehen,

a) Bei korrektem Sitz muß eine senkrechte Linie durch Absatz, Hüfte, Schulter und Ohr des Reiters verlaufen. Diese Linie soll im rechten Winkel auf den Boden treffen.
(b) Ellbogen, Handgelenk, Hand und Zügel bilden eine weitere gerade Linie.

daß man nicht nach links oder rechts hängt, kann man jemanden bitten, sich direkt hinter das Pferd zu stellen: Von dort aus soll er überprüfen, ob die Hüften und Schultern gerade sind, sich also auf gleicher Höhe befinden. Die Haltung der Schultern hat großen Einfluß auf Zügelhaltung und Zügelführung. Wenn sie nicht auf gleicher Höhe liegen, muß man noch einmal prüfen, ob Sitzknochen und Hüften gleichmäßig belastet sind. Eine fehlerhafte Haltung des Oberkörpers hat ihre Ursache nämlich oft in einem unsicheren Sitz oder in einer eingeknickten Hüfte. Die Schultern müssen weit genug zurückgenommen werden, so daß die Schulterblätter flach an der Rückseite des Brustkorbes anliegen. Der Reiter sollte seine Schultern weder rund machen noch hochziehen.

Hals und Genick müssen gerade bleiben. Der Hals trägt den Kopf, und die Kopfhaltung des Reiters ist genauso wichtig wie die des Pferdes. Nur wenn der Kopf hoch und gerade gehalten wird, kann der Hals dessen Gewicht problemlos tragen. Die Ohren sollen sich direkt oberhalb der

Schultern befinden. Beim Reiten sollte man geradeaus blicken, wenn man sich nicht gerade umsieht.
Wenn die Haltung der Schultern korrekt ist, hängen die Oberarme auf beiden Seiten des Körpers locker herab. Man winkelt die Arme an den Ellbogen ab und nimmt die Hände nach vorne. Die Ellbogen werden nicht nach außen gedreht und gehen so weit vor, daß sie sich etwas vor dem Rumpf befinden. Der Reiter sollte in den Ellbogen immer locker bleiben, denn das hat entscheidenden Einfluß darauf, wie gut der Kontakt zwischen Reiterhand und Pferdemaul ist. Bei korrekter Haltung sollte sich vom Ellbogen über Unterarm, Handgelenk, Hand und Zügel bis zum Gebiß eine gerade Linie ergeben.
Nachdem man die korrekte Haltung für den gesamten Oberkörper gefunden hat, korrigiert man noch einmal die Beinposition, wobei die Haltung des Oberkörpers unverändert bleibt.
Die Knie lagen ja immer noch oben am Widerrist des Pferdes. Nun hebt man sie von dort weg, wobei man sich nötigenfalls am Vorderzwiesel des Sattels festhalten kann, und läßt die Beine sinken, bis sie entspannt am Rumpf des Pferdes herunterhängen. Die Knie müssen locker sein, so daß die Unterschenkel feine Fühlung mit dem Pferdeleib aufnehmen können. Der Absatz sollte sich jetzt in gerader Linie unterhalb der Hüfte befinden.
Während dieser ganzen Übung muß man sorgfältig darauf achten, daß der Rücken gerade und locker ist, sich selbst trägt und im rechten Winkel zum Boden bleibt. Die senkrechte Linie vom Absatz zur Hüfte verläuft dann weiter zur Schulter und zum Ohr.
Damit der Schenkel wirksam eingesetzt werden kann, muß der Absatz tiefer liegen als die Zehen. Durch das tiefe Federn des Absatzes strafft sich der Wadenmuskel, und dies ermöglicht es dem Reiter, fein abgestimmte Schenkelhilfen zu geben. Bei hochgezogenem Absatz ist der Wadenmuskel dagegen schlaff, und damit werden die Schenkelhilfen schlackernd und undeutlich. Die Zehen sollen fast parallel zum Pferdekörper nach vorne zeigen, so daß die Schenkelinnenseite des Reiterbeins ohne Anstrengung am Pferdeleib anliegt.
Der Sitz des Reiters muß so geschmeidig sein, daß dieser sich den Bewegungen des Pferdes mühelos anpassen kann, und gleichzeitig so sicher, daß er seine Haltung ständig beibehält.
Wenn man spürt, daß man aus dem Gleichgewicht kommt oder sich irgendwie verspannt, sollte man die Übung abbrechen und seine Haltung noch einmal grundlegend überprüfen.

- Das Reitergewicht muß gleichmäßig auf den beiden Sitzknochen liegen.
- Der Rücken muß aufrecht und gerade bleiben.
- Hals und Kopf müssen aufrecht getragen werden, der Blick ist nach vorne gerichtet.
- Die Beine müssen von den Hüften locker herabhängen und eng am Pferdeleib anliegen.

DIE ZÜGELHALTUNG

Zum Halten der Zügel werden die Hände vor dem Körper getragen, die Daumen liegen oben, die Finger sind um die Zügel geschlossen.
Die Zügel verlaufen zwischen dem kleinen Finger und dem Ringfinger hindurch aufwärts durch die Hand, aus der sie schließlich über dem Zeigefinger und unter dem Daumen wieder herausführen.

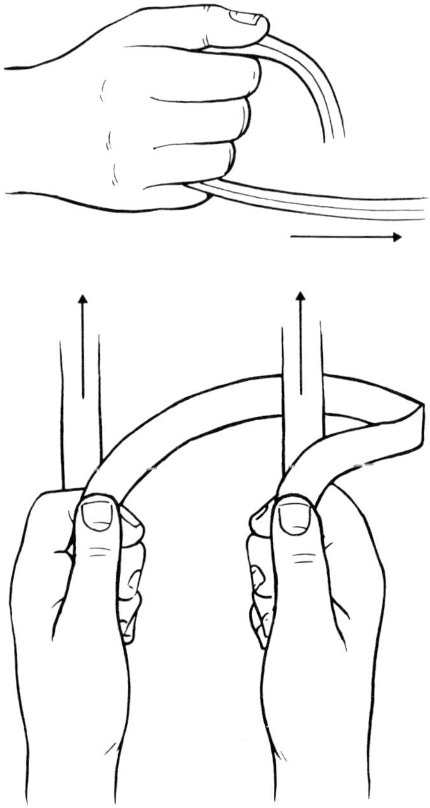

Korrekte Zügelhaltung

DIE LÄNGE DER BÜGELRIEMEN

Die korrekte Länge der Steigbügelriemen hängt nicht nur von Körperbau und Größe des Reiters ab, sondern auch von Körperbau, Größe und Gleichgewicht des Pferdes. Als Faustregel gilt, daß sich die Unterkante des Steigbügels auf Höhe des Reiterknöchels befinden sollte, wenn der Reiter die Beine neben den Steigbügeln lang herunterbaumeln läßt.

Man sollte sich davor hüten, die Bügelriemen zu lang zu verschnallen: Das bringt den Reiter viel mehr aus dem Gleichgewicht als zu kurze Bügel. Ich habe viele kleine Reiter gesehen, die dachten, sie könnten ihre fehlende Körpergröße durch das Reiten mit langen Bügeln ausgleichen. Sie verlieren dann aber leicht das Gleichgewicht, weil sie die Knie strecken und die Zehen nach unten nehmen müssen, um die Bügel nicht zu verlieren. Damit verlagert sich das Gewicht von den Sitzknochen nach vorne, Pferd und Reiter kommen aus dem Gleichgewicht, und das Pferd läuft mehr auf der Vorhand. Es ist wichtig, daß das Reitergewicht gleichmäßig auf die Fußballen verteilt ist, und daß auf dem Absatz mehr Gewicht liegt als auf den Zehen.

AN DER LONGE

Die beste Möglichkeit, Sitz und Haltung zu verbessern, ist das Reiten an der Longe. Das Pferd wird dabei von einer anderen Person kontrolliert, so daß sich der Reiter ganz auf seinen Sitz konzentrieren kann. Am besten ist es, wenn man einen erfahrenen Reitlehrer finden kann, der das Pferd longiert und gleichzeitig dem Reiter dabei hilft, seine Haltung zu verbessern. Wenn kein Reitlehrer verfügbar ist, so kommt auch ein anderer Helfer in Frage, der das Pferd gut longieren kann. Der Reiter bekommt so zwar keine Anleitung, kann sich aber dennoch ganz um seine eigene Haltung kümmern.

Das Pferd sollte an die Arbeit an der Longe gewöhnt sein, denn der Reiter muß zur Verbesserung seiner Geschmeidigkeit einige Übungen durchführen, an denen sich das Pferd nicht stören darf. Das Pferd wird mit Ausbindezügeln ausgerüstet, so daß es Takt und Gleichgewicht besser hält und die Oberlinie unverändert bleibt. So fällt auch dem Longenführer die Kontrolle leichter, und der Reiter kann sich darauf konzentrieren, am eigenen Gleichgewicht zu

arbeiten und eine stabile Haltung zu erreichen und beizubehalten.
Bei der Arbeit an der Longe sollte das Pferd zunächst ohne Reiter gelöst werden. Wenn es sich ruhig und taktrein bewegt und die Ausbinder annimmt, kann man bald aufsitzen. Vor dem Aufsitzen sollte man *immer* die Ausbinder losmachen und sie erst vor dem Anreiten wieder einschnallen.
Wenn sich der Reiter im Sattel zurechtgesetzt hat, sollte der Reitlehrer zunächst überprüfen, ob der Sitz im Halten korrekt ist. Denn wenn das Pferd sich erst einmal bewegt, hat der Reiter genug damit zu tun, den Bewegungen zu folgen.

Einige Übungen

Übungen an der Longe sorgen für eine größere Geschmeidigkeit und ein besseres Gleichgewicht. Hier einige Übungsvorschläge:
1. Kopf und Hals: (a) Den Kopf langsam um 90° nach links und rechts drehen. (b) Den Kopf im Kreis rollen, nach vorne, hinten und zur Seite – im Uhrzeigersinn und gegen den Uhrzeigersinn. (c) Den Kopf nach hinten gegen den Kragen legen, dann das Kinn wieder in die normale Lage senken, wobei das Genick hinten gegen den Kragen gelehnt bleibt.
2. Schultern und Arme: (a) Die Schultern langsam nach oben ziehen, so hoch es geht, und sie dann nach unten und hinten fallen lassen. Mehrmals wiederholen. (b) Einen Arm heben und senkrecht über den Kopf strecken, dann langsam mehrmals rückwärts kreisen lassen. Mit dem anderen Arm wiederholen. (c) Abwechselnd mit dem linken und dem rechten Arm rückwärts kreisen, dann ganz langsam mit beiden Armen gleichzeitig kreisen.
3. Taille: (a) Beide Arme in Schulterhöhe zur Seite strecken. Aus der Taille heraus abwechselnd um 90° nach links und rechts drehen. Dabei sollen die Arme gerade und gestreckt bleiben, und die Beine sollen sich nicht bewegen. (b) Die gleiche Übung noch einmal machen, wobei die Hände nicht zur Seite gestreckt, sondern in die Hüften gestemmt werden. (c) Aus der Taille heraus nach vorne beugen und die Zehen berühren, wobei sich die Beine nicht bewegen sollten.
4. Beine und Füße: (a) Die Zehen in den Stiefeln bewegen. (b) Die Füße im Uhrzeigersinn und gegen den Uhrzeigersinn kreisen lassen (nach oben, außen, unten, innen, unten, außen, oben). (c) Die Unterschenkel im Knie schwingen lassen, einen nach vorne, einen nach hinten, Richtung auch wechseln. (d) Das gesamte Bein aus der Hüfte schwingen lassen, eines nach vorne, eines nach hinten, Beine wechseln. (e) Die Knie nach oben vom Sattel wegnehmen, eine Sekunde lang halten, sanft wieder auf den Sattel sinken lassen; mehrmals wiederholen.

Diese Übungen können im Schritt mehrmals wiederholt werden. Sobald der Reiter sie als einfach empfindet, können einige davon im Trab durchgeführt werden: 2 (b) und (c), 3 (a) und (b) sowie alle aus der 4. Gruppe. Mit steigendem Gleichgewichtsgefühl und zunehmender Geschmeidigkeit werden diese Übungen leichter fallen, so daß man die Anzahl der Wiederholungen erhöhen kann. Man sollte auf beiden Körperseiten gleich viele Übungen machen und während der gesamten Longenstunde häufig die Hand wechseln.

Der sechste Sinn

Am Ende der Longenstunde sollte der Reiter allmählich fühlen können, wie es richtig ist, so daß er es später, wenn er mit seinem Pferd arbeitet, sofort bemerkt, wenn die Haltung nicht mehr stimmt. Dieses feine Gespür ist sehr, sehr wichtig. Es ist Ausdruck des sechsten Sinnes, der sich durch hohe Konzentration und viel harte Arbeit einstellt und der dem Reiter sagt, wann alles in Ordnung ist und wann etwas nicht stimmt.

Eine derartige Feinfühligkeit erreicht der Reiter nicht nur dadurch, daß er lernt, mit seinem Körper umzugehen, sondern auch durch geistige Entwicklung. Wer im Sattel mitdenkt und ständig seine volle Aufmerksamkeit auf sein Pferd richtet, wird sich oft zu einem besseren Reiter entwickeln als jemand, der zwar eine natürliche Begabung hat, aber die nötige Hingabe und Selbstdisziplin nicht aufbringt. Beim Reiten gewöhnt man sich schnell Unkorrektheiten an, und eine fehlerhafte Haltung wird viel eher zur Gewohnheit, wenn man nur mit halber Aufmerksamkeit reitet und deswegen auftretende Fehler nicht früh genug korrigiert.

Reiten ohne Steigbügel

Um einen tieferen Sitz und ein besseres Gleichgewicht zu erreichen, ist es hilfreich, immer wieder für kurze Zeit ohne Bügel zu reiten. Das ist an der Longe ebenso sinnvoll wie beim freien Reiten. Der Vorteil eines tieferen Sitzes liegt darin, daß der Reiter den Bewegungen des Pferdes leichter folgen kann und es dadurch weniger behindert. Außerdem kann ein tief sitzender Reiter präzisere Hilfen geben. Mit zunehmender Verbesserung von Gleichgewicht und Sitz kann der Reiter seine Hilfengebung so verfeinern, daß sie für den Zuschauer schließlich kaum noch wahrnehmbar ist. Daraus entsteht letztlich ein Bild von Harmonie und Leichtigkeit, das das Ziel eines jeden Reiters sein sollte.

2

Die Hilfen

Wenn das Reiten Freude machen soll, muß das Pferd den Anweisungen des Reiters folgen: Es muß gehorsam sein. Gehorsam entsteht aus Verständnis, Vertrauen und Respekt. Verständnis und Vertrauen erzielt man durch Konsequenz und Lob; Respekt erreicht man durch Verbessern und Wiederholen.

Man kann unmittelbar mit dem Pferd sprechen. Die Hilfen sind die Sprache, die man dazu verwendet. Mit den Hilfen kontrolliert man das Pferd und gibt ihm Signale oder Anweisungen. Man unterscheidet Gewichtshilfen, Schenkelhilfen, Zügelhilfen und Hilfsmittel (Stimme, Gerte und Sporen). Es sind aber auch andere Einteilungen möglich, beispielsweise in natürliche Hilfen (Gewicht, Schenkel, Hand und Stimme) und künstliche Hilfen (Gerte und Sporen).

Wenn die Sprache der Hilfen klar und einfach ist, wird das Pferd sie verstehen; wenn sie kompliziert und schwierig ist, wird das Pferd dadurch verwirrt. Um die Hilfen klar und verständlich geben zu können, muß der Reiter im Gleichgewicht sitzen und ein Gefühl für das Pferd haben. Auch während der Hilfengebung muß er weiterhin den guten und sicheren Sitz beibehalten, den er sich bei der Arbeit an der Longe erworben hat.

Wenn man klare Hilfen geben und die Reaktion des Pferdes auf diese Hilfen erspüren kann, wird man in der Lage sein, das Verständnis zwischen sich und dem Pferd zu verbessern. Die Ausbildung eines Pferdes dauert lange; je eher also Pferd und Reiter lernen, sich gegenseitig zu verstehen, desto eher kann man mit der ernsthaften Ausbildung beginnen. Man sollte immer daran denken, daß das Pferd wesentlich größer und stärker ist als man selbst. Deshalb ist jeder Versuch, es zu etwas zu zwingen, nicht nur vergeblich, sondern er wird fast immer auch das Pferd aus dem Gleichgewicht bringen. Statt dessen muß man sich dem Pferd verständlich machen, indem man eine Hilfe so oft wiederholt, bis es darauf reagiert. Dann lobt man es sofort.

Das Durchparieren vom Schritt zum Halten ist ein gutes Beispiel für das Prinzip von Wiederholung und Lob. Dazu macht man sich im Sattel groß, legt die Schenkel an und treibt das Pferd damit gegen den annehmenden, aber nicht durchhaltenden Zügel. Wenn es nicht reagiert, geben alle Hilfen einen Augenblick lang nach und werden dann noch einmal eingesetzt – nun etwas stärker als vorher. Wenn nötig wiederholt man den Vorgang nochmals, bis das Pferd hält – und dann müssen die

Hilfen sofort nachgeben, und der Reiter muß das Pferd loben. Man sollte so lange im Halten bleiben, bis das Pferd ruhig steht. Wenn es sich bewegt, bevor der Reiter anreiten wollte, müssen die eben beschriebenen Hilfen wieder gegeben werden.

Diesen Übergang sollte man mehrmals wiederholen, bis das Pferd sofort auf die Hilfen reagiert. Anfangs ist es hilfreich, immer an derselben Stelle zu halten – das ist für das Pferd leichter zu verstehen, und es wird schon auf die nächste Hilfe warten. Nachdem das Pferd verstanden hat und prompt reagiert, kann man die Hilfengebung allmählich verfeinern, bis man mit minimalsten Signalen zum Halten kommt.

DIE HILFEN

Im folgenden werden zwar alle Hilfen einzeln besprochen, aber sie werden in der Praxis niemals einzeln verwendet, sondern immer im Zusammenspiel. Zur Wiederholung: Klare, einfache Hilfen, die konsequent eingesetzt werden, sind die Basis für das Verstehen, das Vertrauen und den Respekt des Pferdes.

Gewichtshilfen

Im 1. Kapitel wurde erklärt, wie man den richtigen Sitz für das Dressurreiten erreicht. Gesäß und Gewicht werden zusammen mit den Schenkeln eingesetzt, um das

Eine Reiterin arbeitet unter Anleitung an der Longe, um Sitz und Hilfengebung zu verbessern. Eine gute Beinhaltung ermöglicht es ihr, klare Schenkelhilfen zu geben. Auf dem linken Bild haben ihre Unterschenkel keine Fühlung mit dem Pferdeleib, und sie kann keine wirkungsvollen Hilfen geben. Auf dem rechten Bild ist die korrigierte Beinhaltung zu sehen.

Pferd zu einer Vorwärts- oder Seitwärtsbewegung aufzufordern, um mehr Tätigkeit und Schub zu entwickeln oder um die Erhaltung des Gleichgewichts zu unterstützen.

Schenkelhilfen

Die Schenkel des Reiters werden entweder verhaltend oder »passiv« eingesetzt, also unmittelbar hinter dem Gurt weich anliegend, so daß das Pferd in gerader Linie weiter vorwärts geht, oder sie werden »aktiv«, indem man das Pferd damit kurz und leicht antippt, so daß es zu einer stärkeren Vorwärtsbewegung aufgefordert wird. Man kann sich vorstellen, daß man einen kleinen Nagel in eine Wand schlagen will, indem man einen Hammer auf den Nagelkopf legt und drückt – nichts wird passieren! Wenn man aber den Hammer ein kleines Stück von dem Nagel wegnimmt und diesen dann mehrere Male leicht antippt, wird man Erfolg haben. Ähnlich ist es beim Vorwärtstreiben eines Pferdes: Der Schenkel muß sich ein wenig bewegen, aber nicht drücken und klammern. Die Schenkel werden auch eingesetzt, um das Pferd zum Langsamerwerden aufzufordern, indem man sie so anlegt, daß sie die Vorwärtsbewegung einschränken; und sie unterstützen die Biegung des Pferdes, indem man den Schenkel auf der Seite, nach der es sich biegen soll, am Gurt fest anlegt.

Zügelhilfen

Die Botschaften der Reiterhände werden durch die Zügel auf das Pferdemaul übertragen. Die Hände sollen so mit den Zügeln verbunden sein, daß man die Hilfen der Hände als Zügelhilfen bezeichnet. Zügelhilfen müssen immer in Verbindung mit Schenkel- und Gewichtshilfen gegeben werden.
Die Voraussetzung für den Einsatz leichter und exakter Zügelhilfen ist die Fähigkeit, ständig einen gleichmäßigen und feinfühligen Kontakt zum Pferdemaul zu halten. Wenn man sich dagegen am Zügel festhält oder ihn benutzt, um sich im Gleichgewicht zu halten, wird das Pferd nicht wissen, auf welche Reitersignale es reagieren soll und auf welche nicht. Dann stumpft es entweder im Maul ab und wird »maultot«, oder es nimmt das Gebiß überhaupt nicht mehr an und verweigert jegliche Anlehnung. Es ist von größter Wichtigkeit, das Pferd nicht im Maul zu verderben, denn es wird nur dann gut auf die Zügeleinwirkung reagieren, wenn es Vertrauen in die Anlehnung an die Reiterhand hat.
Beim Reiten muß man in der Lage sein, die Hände unabhängig vom Körper und unabhängig voneinander zu bewegen.

DIE HILFSMITTEL

Stimme

Die Stimme wird bei der Erziehung des Pferdes von Anfang an eingesetzt – schon beim Fohlen und beim Umgang mit dem jungen Pferd. Mit der Stimme kann man ein unsicheres Pferd beruhigen, und man kann es loben. Wenn bereits das junge Pferd Stimmhilfen deutlich versteht, kann man sie beim Anreiten im Zusammenspiel mit Gewichts-, Schenkel- und Zügelhilfen verwenden, bis das Pferd allein auf diese Hilfen reagiert.
Stimmhilfen sollen klar und deutlich sein. Die Anweisung »Trab' doch bitte mal an!« ist für ein Pferd unverständlich. Das Kommando »Teee-rrabb!« dagegen, mit Nachdruck und zweisilbig ausgesprochen,

ist für das Pferd deutlich als treibende Hilfe zu verstehen. Wenn das Tempo verlangsamt werden soll, sollte man eher einen beruhigenden Ton verwenden und die zweite Silbe mit tieferer Stimme aussprechen, also zum Beispiel »Schee-ritt«. Die Worte müssen einfach sein, und der Ton ist genauso wichtig wie der Nachdruck, den man in die Stimme legt.

Weitere Hilfsmittel wie Gerte und Sporen dienen – falls nötig – zur Verstärkung der übrigen Hilfen, aber sie sollten niemals anstelle dieser Hilfen verwendet werden, niemals mit grober Kraft und niemals aus Wut oder Frustration.

Gerte

Die Gerte ist nützlich, um eine treibende Hilfe zu verstärken, die nicht zum gewünschten Ergebnis geführt hat. Man kann sie bei Notwendigkeit einsetzen, indem man das Pferd direkt hinter dem Reiterschenkel kurz antippt. Wenn das Pferd darauf richtig reagiert, wird es sofort gelobt, damit es weiß, warum die Gerte benutzt wurde. Eine Dressurgerte ist länger als eine normale Gerte, so daß man sie gezielt auch an der Hinterhand einsetzen kann, ohne daß man die Hand vom Zügel nehmen muß oder die Verbindung zum Pferdemaul stört. (Zum Gebrauch der Gerte siehe auch Seite 23)

Sporen

Sporen dienen wie die Gerte dazu, eine verbesserte Reaktion des Pferdes auf die Schenkelhilfen zu erzielen, bis man diese Reaktionen schließlich mit allerfeinsten Hilfen erzeugen kann. Diese Verfeinerung der Hilfengebung sollte sich durch die gesamte Ausbildung von Pferd und Reiter ziehen. Bevor man Sporen verwenden kann, muß man einen korrekten Sitz und eine völlig sichere Schenkellage entwickelt haben, so daß man das Pferd nie versehentlich mit den Sporen berührt.

Der Gebrauch von Gerte und Sporen ist in allen Dressurklassen erlaubt.
Schlaufzügel sind dagegen im Geltungsbereich der deutschen Leistungsprüfungsordnung (LPO) nicht zugelassen. Dieses Hilfsmittel kann von erfahrenen Reitern erfolgreich eingesetzt werden, um Probleme zu korrigieren, die während der Ausbildung auftreten. Dazu muß man aber über Verwendung und Wirkungsweise der Schlaufzügel genau Bescheid wissen, da man mit solchen Hilfszügeln ansonsten viel Schaden anrichten kann.
Bei der korrekten und sorgfältigen Ausbildung gibt es keine Abkürzungen, und es gibt auch keinen Ersatz dafür. Wenn Hilfsmittel zu oft oder zu stark eingesetzt werden, wird das Pferd weniger Respekt vor den normalen Hilfen haben.

3

Vorbereitung auf die Dressurarbeit

Bevor man mit der Arbeit anfangen kann, sind drei Voraussetzungen zu berücksichtigen: die Reitbahn, die Ausrüstung und der Ausbildungsplan.

DIE REITBAHN

Wenn man das Glück hat, Zugang zu einem Allwetter-Reitplatz oder zu einer Reithalle zu haben, dann ist das der ideale Ort für die Dressurarbeit. Ansonsten kann man sich auf einer Wiese einen Bereich von etwa 20 × 40 Metern suchen, der relativ gerade und eben ist. Die Ecken des Vierecks markiert man mit Hütchen oder mit anderen Gegenständen, die man vom Pferd aus deutlich sehen kann; danach kennzeichnet man die Mitte jeder langen Seite. Wenn man genügend Markierungen hat, kann man sie auch noch an den Wechselpunkten A, C, M, F, K und H aufstellen (siehe Zeichnung auf Seite 20).

Eine normale Reitbahn reicht für den Anfang der Dressurarbeit aus. Diese Größe ist bei den meisten Dressurwettbewerben bis zur mittleren Klasse üblich. Ein 20 × 60 Meter großer Platz wird für Prüfungen auf höherem Niveau verwendet und kann nützlich sein, wenn man einem jungen Pferd beibringen möchte, die Tritte zu verlängern – eine größere Bahn wird es nämlich eher zum freien Vorwärtsgehen ermutigen.

Wenn man keine passende Wiese und keinen Reitplatz zum Arbeiten zur Verfügung hat, muß man eben im Gelände mit der Ausbildung beginnen. Die grundlegenden Gehorsamkeitsübungen kann man auch auf diese Art durchführen, und es ist auch möglich, schon an einfachen Übergängen, am Takt, am Gleichgewicht und an der Haltung zu arbeiten. Sobald man aber Hufschlagfiguren oder Lektionen auf zwei Hufschlägen reiten will, wird man sich eine Reitbahn oder eine Wiese in der Nähe suchen müssen, die man ein- oder zweimal pro Woche benutzen kann.

DIE AUSRÜSTUNG

Für den Reiter

Die Ausrüstung zum Dressurreiten auf Basisniveau ist praktisch die gleiche wie zum Reiten allgemein – mit Ausnahme des Sattels, wenn man sich für einen Dressursattel entscheidet. Wie immer beim Reiten

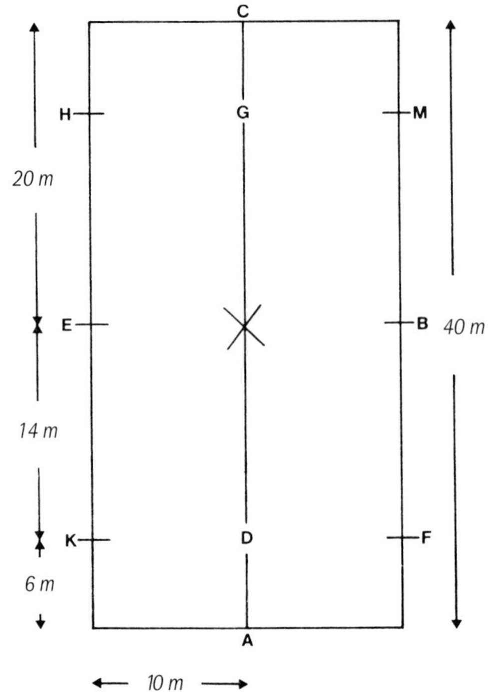

Eine normale Reitbahn (20 × 40 Meter)

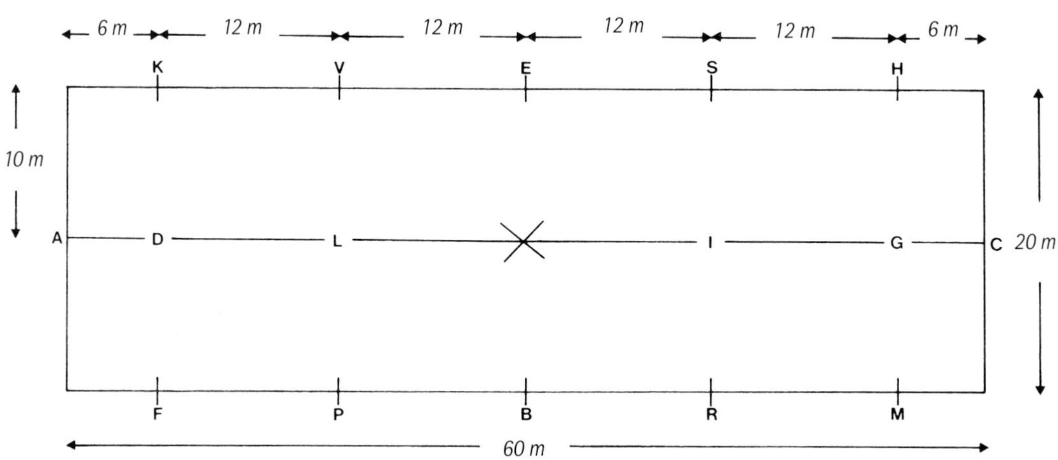

Eine große Reitbahn (20 × 60 Meter)

ist die *Kappe* ganz entscheidend; sie muß immer getragen werden. Sie sollte eine gute Mehrpunktbefestigung haben und den jeweils gültigen Bestimmungen entsprechen.
Ein Paar guter *Reitstiefel* ist wichtig. Jodhpurstiefel sind für Kinder ganz in Ordnung, aber es ist erstaunlich, wie viel leichter es in hohen Stiefeln ist, die Schenkel ruhig zu halten. Ich sehe es lieber, wenn Erwachsene und Jugendliche mit Schaftstiefeln reiten – schließlich können unruhige Unterschenkel, vor allem in den Knöcheln, auch nur unruhige und unklare Hilfen geben. Stiefel, die ständig herunterrutschen und wieder hochgezogen müssen, können einem ganz schön auf die Nerven gehen; es lohnt sich wirklich, sich gute Stiefel zu besorgen.
Reithosen oder Jodhpurhosen sind nicht unbedingt notwendig, aber sie sind viel bequemer als Jeans oder andere Hosen. Man schlägt sich schon mit genügend Problemen herum, wenn man versucht, seinen Sitz zu verbessern – da muß man sich nicht auch noch mit unbequemer Kleidung belasten, die zwickt oder Falten wirft.
Reithandschuhe sind meiner Ansicht nach absolut notwendig. Es müssen keine teuren sein (obwohl Lederhandschuhe sehr angenehm sind!). Wenn ich Handschuhe trage, liegen die Zügel angenehmer in den Händen, ohne daß diese je aufgescheuert werden. Vor allem wenn man ein starkes, gehfreudiges Pferd reitet, kann man mit Handschuhen die Zügel besser halten.
Man sollte auch im Hinterkopf behalten, welche Kleidung man bei einer Dressurprüfung tragen muß. Man tut sich leichter, wenn man an die korrekte Kleidung gewöhnt ist – auf dem Turnier hat man schließlich schon genügend Schwierigkeiten zu bewältigen! Da muß man sich nicht noch zusätzlich ungemütlich fühlen, weil man ungewohnte Kleidung trägt.

Für das Pferd

Die Frage nach dem geeigneten Sattel wurde bereits auf Seite 8 erörtert. Am wichtigsten ist es, daß er dem Pferd paßt und dem Reiter einen korrekten Sitz ermöglicht. Einige Dressursättel haben verlängerte Gurtstrupfen, so daß die Schnallen nicht unter dem Sattelblatt liegen. Dies erlaubt eine besonders enge Fühlung zwischen Reiterschenkel und Pferd. Das ist keineswegs notwendig, aber recht hilfreich, und man kann die kurzen Gurtstrupfen bei jedem Sattel relativ einfach durch lange ersetzen.
Ich benutze immer eine dünne *Satteldecke* unter dem Sattel, weil ich denke, daß das bequemer für das Pferd ist und die Unterseite des Sattels schützt. Man muß darauf achten, daß die Satteldecke größer als der Sattel und gut befestigt ist, so daß sie nicht rutschen und auf dem Pferderücken reiben kann. Wenn die Satteldecke zu dick ist, kann dieses zusätzliche Material zwischen den Oberschenkeln des

Angenehm für das Pferd: Satteldecke und Schaumgummi-Unterlage unter dem Sattel

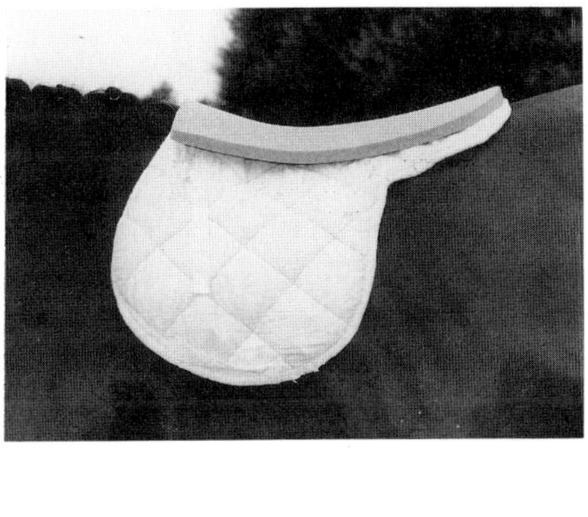

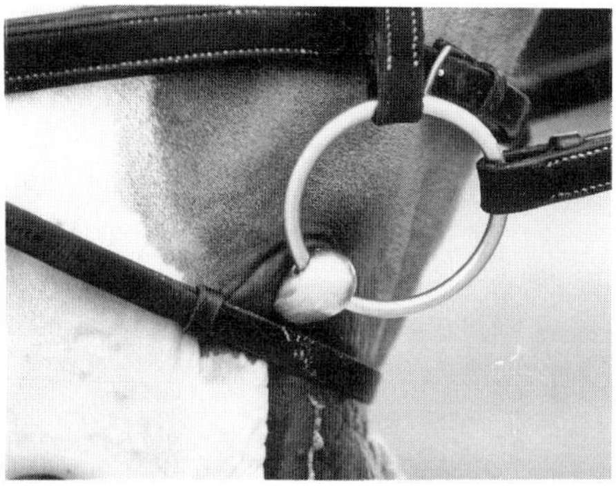

Ein Gebiß mit beweglichen Ringen

Reiters und dem Pferd die Unterschenkel vom Pferdeleib wegdrücken.
Bei Pferden mit empfindlichem Rücken kann zusätzlich zur Satteldecke eine *Sattelunterlage* aus *Schaumgummi* oder ein Gelpad verwendet werden. Beide werden unter die Auflagefläche des Sattels gelegt und wirken als Stoßdämpfer zwischen Pferd und Reiter. Ich finde sie nützlich, weil sie eine stärkere Polsterung unter der Sitzfläche bieten – also dort, wo es am nötigsten ist –, ohne daß dabei viel Material unter das Reiterbein kommt.
Das *Zaumzeug* sollte so einfach wie möglich sein. Vorsicht bei plötzlichen großen Verschnallaktionen – sie können dazu führen, daß man auf einmal keine Kontrolle mehr über das Pferd hat!
Eine Trense ist ein gutes Ausbildungsgebiß, und man kann zwischen vielen verschiedenen Ausführungen wählen. Sehr wichtig ist es, daß die Trense gut ins Pferdemaul paßt – nicht nur in der Breite, sondern auch in der Dicke. Ein Pferd mit kleinem Maul und dicker Zunge wird sich wohler fühlen, wenn es weniger Metall im Maul hat.
Eine Trense mit beweglichen Ringen läßt stärkere Bewegungen des Gebisses im Pferdemaul zu und kann ein Pferd mit trockenem oder »totem« Maul oft dazu ermuntern, auf dem Gebiß zu kauen und den Kiefer zu entspannen. Ein Gebiß mit feststehenden Ringen liegt dagegen ruhiger im Pferdemaul.
Auch die Zügel sind wichtig. Sie sollten bequem in die Hand passen. Wenn sie zu breit sind, kann man die Finger nicht darum schließen. Sind sie zu schmal, so wird man die Hände verkrampfen, um sie nicht durchrutschen zu lassen. Nichts frustriert mehr als Zügel, die einem ständig durch die Finger gleiten – wenn das passiert, kann man es mit Gummizügeln versuchen, die selbst bei Regen griffig bleiben.
Der linke und der rechte Zügel müssen immer gleich lang gehalten werden. Man kann einmal probeweise ein Stück Klebeband um jeden Zügel wickeln, und zwar gerade vor der Stelle, an der man im

Ein Gebiß mit feststehenden Ringen

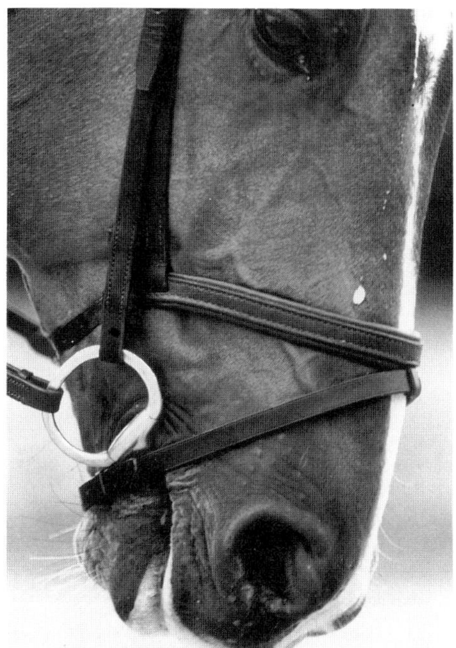

Trab normalerweise die Hände hat. Dann kann man beim Reiten auf einen Blick sehen, ob die Zügel gleich lang sind.
Außer in den untersten Klassen sind in Dressurprüfungen keine Hilfszügel erlaubt. Wenn man also turniermäßig reiten will, sollte man sie zu Hause am besten auch gar nicht erst benutzen. Einen Stoßzügel oder ein Martingal kann man zum Beispiel allmählich länger schnallen, so daß sie im Notfall immer noch wirken, normalerweise aber kaum Einfluß auf das Gebiß haben.
Ich benutze bei der Dressurarbeit immer *Streichgamaschen.* Sie schützen die Pferdebeine vor Verletzungen, wenn ein Bein das andere streift. Das kann vor allem dann leicht passieren, wenn ein Pferd jung, nicht im Gleichgewicht oder nicht immer an den Hilfen ist.

Streichgamaschen zum Schutz der Pferdebeine

Hilfsmittel

Am Anfang sollte man keine Sporen benötigen, aber eine *Dressurgerte* kann nützlich sein, sofern das Pferd keine Angst vor der Gerte hat. Die Gerte sollte so lang sein, daß man das Pferd damit durch eine kleine Drehung des Handgelenks direkt hinter dem Reiterbein berühren kann. Wenn man seine Handhaltung stark verändern muß, um die Gerte benutzen zu können, ist sie zu kurz. Ebenso darf die Gerte das Pferd nicht unbeabsichtigt berühren – das kann passieren, wenn die Gerte zu lang oder zu biegsam ist. Eine steife Gerte läßt sich kontrollierter einsetzen. Eine Gerte mit einem Knopf am Griffende ist leichter zu halten, weil sie nicht durch die Finger rutschen kann.

Die Gerte wird so gehalten, daß sie oberhalb des Knies quer über dem Bein des Reiters liegt. So ist sie leicht zur Unterstützung der Schenkelhilfe einsetzbar und stört die Zügelführung nicht. Man sieht nicht selten Reiter, die die Gerte so halten, daß sie über den Pferderücken hinweg zeigt und in der Luft herumwedelt. Das sieht nicht nur furchtbar aus – so ist die Gerte auch völlig wirkungslos, weil sie aus dieser Position heraus nicht zur Unterstützung des Schenkels benutzt werden kann, ohne daß die Hand bewegt wird, was wiederum die Zügelführung unterbricht. Die Gerte wird meistens mit der inneren Hand gehalten, aber beide Seiten sind möglich.
Oft werden Reiter und Pferd nur abgelenkt, wenn die Gerte bei jedem Richtungswechsel in die innere Hand gewechselt wird. Sobald man herausgefunden hat, auf welchen Schenkel das Pferd schlechter reagiert, sollte man die Gerte auf dieser Seite halten.

Korrekte Haltung einer Dressurgerte: Die Einwirkung erfolgt direkt hinter dem Bein des Reiters.

Falsche Haltung der Gerte: Sie wedelt in der Luft herum, was nicht nur nutzlos ist, sondern auch schlecht aussieht.

DER AUSBILDUNGSPLAN

Bevor man nun mit seinem Pferd wie wild drauflos trainiert, sollte man darüber nachdenken, was man sinnvollerweise von ihm erwarten kann. Dabei sollte man die folgenden Faktoren mit einbeziehen:

- *Alter:* Ein älteres Pferd braucht wahrscheinlich eine längere Lösungsphase; ein jüngeres Pferd kann sich noch nicht so lange konzentrieren.
- *Trainingszustand:* Ein Pferd in Leistungskondition wird sich anfangs im Schritt nicht beruhigen. Es ist besser, ihm zu erlauben, einen Teil seiner Energie im verhaltenen Trab abzubauen, als ständig darum zu kämpfen, daß es Schritt geht. Mit einem untrainierten Pferd wird man mehr im Schritt arbeiten müssen.
- *Temperament:* Wieviel kann das Pferd pro Lektion aufnehmen? Es ist besser, anfangs nur wenig zu verlangen, anstatt drauflos zu arbeiten und dabei das Vertrauen zu stören – man sollte immer daran denken, daß die Arbeit auch dem Pferd Spaß machen soll. Wenn es sehr faul ist, muß das Hauptaugenmerk darauf liegen, daß es williger vorwärts geht. Paßt es nicht auf oder ist es ungehorsam, so muß der Schwerpunkt auf der Förderung des Gehorsams liegen.
- *Exterieur:* Ein gut gebautes Pferd wird schneller Fortschritte machen.

Der Reiter muß entscheiden, was er erreichen will. Bei einem temperamentvollen Pferd mit starkem Vorwärtsdrang wird man beispielsweise die ersten Trainingsstunden damit verbringen, eine Partnerschaft mit Selbstvertrauen und gegenseitigem Vertrauen aufzubauen und sicherzustellen, daß man das Pferd unter Kontrolle hat. Man sollte sich davor hüten, das Pferd zur Entspannung bringen zu wollen, indem man nichts von ihm verlangt. Die meisten Pferde empfinden eine gleichmäßige Anlehnung an Schenkel und Gebiß als sicherer. Das Pferd muß an einfache Hilfen gewöhnt werden, indem man ruhige Übergänge zwischen Schritt und Trab reitet. Dabei sollte man in allen Gangarten zu einem gleichmäßigen Rhythmus finden und das Pferd nicht zum Vorwärtseilen veranlassen.

Eine Trainingseinheit besteht aus drei Teilen: Zuerst kommt eine Lösungsphase. Danach folgt die Arbeitsphase, in der man festigt, was bereits gelernt wurde, und in der man Neues einübt. Am Schluß des Trainings steht schließlich eine Erholungsphase. Die erste und die letzte Phase sind genauso wichtig wie die mittlere.

In der Lösungsphase beginnt man mit Schritt am langen Zügel. Das Pferd soll den Hals nach vorwärts und abwärts strecken können und frei vorwärts gehen. Wenn das Tier nach 23 Stunden Stillstehen aus der Box kommt, kann man nicht erwarten, daß es nun sofort mit ernsthafter Arbeit anfangen kann. Kein Sportler würde einen Sprint probieren, bevor er sich nicht gründlich aufgewärmt hat – er würde sonst nämlich Muskelverletzungen riskieren.

Nach etwa fünf bis zehn Minuten Schritt am langen Zügel kann man mit leichter Trabarbeit beginnen. Dabei erlaubt man dem Pferd, den Hals abwärts zu strecken, und regt es zu aufmerksamer Mitarbeit an. Während dieser Trabphase, die einige Minuten lang dauern sollte, reitet man Zirkel und Handwechsel auf großen Linien. Manchen Pferden tut in diesem Stadium auch etwas Galopparbeit gut, aber wenn sich das Pferd dabei aufregt, sollte man sich den Galopp für später aufheben. Jetzt läßt man das Pferd bei einer kurzen Schrittreprise wieder zur Ruhe kommen. Wenn man das Gefühl hat, daß es genügend gelöst ist, kann man mit der eigentlichen Arbeit anfangen. Spürt man allerdings, daß das Pferd heute besonders steif ist, so sollte man mit der lösenden Arbeit fortfahren, bis es sich locker und frei bewegt. Wir alle haben Tage, an denen wir uns einfach nicht richtig entspannen können und nicht sonderlich gelenkig sind – bei Pferden ist das genauso, man darf es also nicht zu eilig haben. Es kann Tage geben, an denen man die ganze verfügbare Reitzeit mit dem Lösen und der Erholungsphase verbringen muß; da hilft nur Geduld.

Gegen Ende einer Trainingseinheit reitet man am langen Zügel, bis das Pferd gänzlich abgekühlt und trocken ist und normal atmet. Es sollte entspannt und gelöst sein, wenn es wieder in den Stall oder auf die Koppel zurückkehrt. Man muß sich daher immer genügend Zeit für die Erholungsphase lassen.

Ich werde oft gefragt: »Wie oft arbeiten Sie mit Ihrem Pferd, und wie lange jeweils?« Dafür gibt es natürlich keine festen Regeln. Häufigkeit und Dauer des Trainings hängen zu einem Großteil davon ab, wie gut sich der Reiter konzentrieren kann und was er erreichen will. Wenn der Reiter müde zu werden beginnt, reitet er allmählich immer schlechter. Man sollte sich selbst wirklich fordern, aber gleichzeitig muß man versuchen, dann aufzuhören, wenn die Verständigung zwischen Reiter und Pferd gut klappt. Es ist wichtig, das Training zu beenden, bevor einer von beiden erschöpft ist! Nach meiner Erfahrung wird das Pferd schnell gelangweilt oder durch zuviel Trainingsarbeit unlustig, wenn der Reiter ziellos seine Kreise reitet, ohne Fortschritte zu erzielen. Wenn man nicht den festen Willen hat, aus dem Training wirklich etwas zu machen, dann kann man sich die Arbeit gleich sparen.

Ich bin der Meinung, daß man Pferde auf so breiter Basis wie möglich ausbilden sollte, so daß ihr Leben interessanter wird. Das heißt, neben der Dressurarbeit sollten sich Ausritte mit der Arbeit über Stangen, mit Springtraining und mit dem Reiten auf fremden Plätzen abwechseln. Dadurch bleiben die Pferde aufmerksam, fleißig und interessiert.

Um bei der Dressur zu den höheren Lektionen vorzustoßen, muß man eine Menge harter Arbeit investieren. Mit fünf Trainingseinheiten pro Woche wird man dieses Ziel eher erreichen als mit ein oder zwei Dressurstunden.

Mehrere kurze Einheiten pro Woche sind besser als eine sehr lange, und wenn man will, kann man an die Dressurarbeit einen Ausritt oder eine Springstunde anschließen.

4

Die Gangarten des Pferdes

Um die Prinzipien der Ausbildung und des Trainings von Pferden verstehen zu können, müssen einem die Bewegungsabläufe und Gangarten vertraut sein. Nur wenn dies der Fall ist, kann man daran arbeiten, die natürlichen Fähigkeiten des Pferdes zu fördern. Es gibt keine zwei Pferde, die sich genau gleich bewegen – aber wenn man sein Pferd so ausbildet, daß es seinen Takt, sein Gleichgewicht und seine Losgelassenheit entwickelt, bringt man ihm gleichzeitig auch bei, wie es am besten mit seinem Körper umgehen und seine Gangarten richtig zur Geltung bringen kann.

Die Gangarten des Pferdes zeichnen sich durch unterschiedliche Bewegungsabläufe aus. Wir Menschen können mit unseren zwei Beinen gehen oder laufen, aber unsere vierbeinigen Partner sind in der Lage, sich neben dem Gehen im Schritt und dem Laufen im Trab auch im Galopp und im Renngalopp fortzubewegen. Wenn wir das Gehen und Laufen beherrschen, können wir auch lernen, zu springen, zu hüpfen, Hindernisse zu überwinden, rückwärts oder seitwärts zu laufen – aber wir können diese Bewegungen meist nicht lange durchhalten, und sie erfordern mehr Gleichgewichtssinn. Ebenso muß ein Pferd zuerst lernen, im Schritt, Trab und Galopp im Gleichgewicht zu bleiben, bevor man mit ihm zu den schwierigeren Dressurlektionen wie Traversalen oder fliegenden Wechseln übergehen kann.

Der Renngalopp ist die einzige Gangart, die beim Dressurreiten nicht berücksichtigt wird – obwohl man gelegentlich Pferde sehen kann, die während oder nach der Prüfung die Reitbahn im Renngalopp verlassen, allerdings gegen den Willen des Reiters...

Die Wechsel von einer Gangart in die andere, zum Beispiel vom Schritt zum Trab, heißen Übergänge. Die Hilfen dafür sind in Kapitel 6 genau beschrieben.

Wechsel innerhalb einer Gangart, also zwischen versammeltem Tempo, Arbeitstempo, Mitteltempo und starkem Tempo, bezeichnet man ebenfalls als Übergänge, aber das sind fortgeschrittene Lektionen.

DER SCHRITT

Der Schritt ist eine Gangart im Viertakt, was bedeutet, daß auf eine Bewegung vier Takte entfallen. Das Pferd bewegt seine vier Beine unabhängig voneinander, aber das Ab- und Auffußen der einzelnen Beine läuft in regelmäßiger Abfolge und in gleichmäßigen Zeitabständen ab. Die Fußfolge ist links hinten, links vorne, rechts hinten, rechts vorne. Der Reiter sollte lernen, das Ab- und Auffußen jedes Beines im Schritt zu erfühlen. Wenn es einem schwerfällt, die vier Einzelschritte während des Reitens in der Bahn zu unterscheiden, kann man versuchen, auf der Straße zu reiten und dabei auf den Hufschlag zu achten: Man sollte vier klare, regelmäßige Schläge hören können. Wenn man diesen Takt im Gefühl hat, kann man zu spüren versuchen, welches der Pferdebeine sich bei welchem Ton bewegt.

Um den Bewegungen des Pferdes im Schritt folgen zu können, muß sich der Reiter entspannen. Die Hände sollten bei leichter Anlehnung dem Rhythmus von Pferdekopf und -hals folgen, ohne das Pferd irgendwie einzuengen. Die Schenkel halten leichte Fühlung mit dem Pferdeleib – es sollte nicht nötig sein, ständig zu klopfen, um das Pferd zum Vorwärtsgehen zu bringen. Man kann es nötigenfalls zur Unterstützung der Schenkelhilfe leicht mit der Gerte antippen.

Wenn das Pferd im Schritt gerne eilig wird, sollte man nicht versuchen, die Geschwindigkeit durch ständiges Ziehen am Zügel zu drosseln. Statt dessen pariert man das Pferd fast zum Halten durch, gibt dann mit der Hand nach, indem man die Zügel länger läßt, und treibt es mit den Schenkeln vorwärts, bis es taktrein in der richtigen Geschwindigkeit geht. Das wiederholt man nötigenfalls mehrmals, bis das Pferd verstanden hat, daß der Schenkel es dazu auffordert, in eine leichte Zügelanlehnung hinein vorwärts zu gehen, und nicht, zu eilen oder vorwärts zu stürmen. Im Schritt gibt es keine Schwebephase: Mindestens ein Huf befindet sich immer am Boden. Das Pferd tritt vom einen Bein auf das andere – im Gegensatz zum Trab, bei dem es von einem diagonalen Beinpaar auf das andere springt, wodurch eine Schwebephase entsteht, in der keiner der vier Hufe den Boden berührt. Aus diesem Grund ist auch die Trittlänge im Schritt nicht so stark veränderbar wie im Trab. Man kann sich diesen Unterschied klarmachen, wenn man sich vorstellt, wie sich beim Menschen ein Verlängern oder Verkürzen der Schritte im Gehen oder im Laufen auswirkt. Im Laufen kann man sowohl fast auf der Stelle trippeln als auch sprinten, während die Bewegungen im Gehen gestelzt werden, wenn man sehr kurze Schritte machen will, während man bei zu langen Schritten leicht aus dem Gleichgewicht kommt.

Die Tempi im Schritt

Im Schritt unterscheidet man vier Tempi, nämlich den freien Schritt, den Mittelschritt, den starken Schritt und den versammelten Schritt. Es ist sinnvoll, die Tempi in der Reihenfolge dieser Aufzählung zu erlernen.

Die Grundlage der Schrittarbeit ist der *freie Schritt.* Man reitet ihn normalerweise am langen Zügel, wobei das Pferd den Hals weit nach vorne in eine leichte, passive Anlehnung streckt. Die Schritte sollten frei und gleichmäßig sein, und die Hinterbeine sollen über die Spuren der Vorderbeine hinaus nach vorne treten.

Im *Mittelschritt* wird der Schwung weniger herausgelassen, und das am Zügel stehende Pferd wird in stärkerer Aufrichtung geritten (siehe Kapitel 5). Man erreicht das, indem man halbe Paraden gibt (siehe Seite 48, bis das Pferd »zwischen Hand und Schenkel eingerahmt« ist – tätig, aufmerksam und bereit für das, was als nächstes von ihm erwartet wird.

Im *starken Schritt* sind die Schritte so lang wie nur möglich, die Hinterhufe treten weit über die Spuren der Vorderhufe hinaus nach vorne, und die Energie der Bewegung erstreckt sich auf den gesamten Pferdeleib. Die Aufrichtung ist weniger ausgeprägt, doch das Pferd zeigt immer noch eine gute Halswölbung.

Im *versammelten Schritt* sind die Schritte kürzer, dafür aber erhabener. Dazu muß die Hinterhand vermehrt Last aufnehmen. Im versammelten Schritt treten die Hinterbeine nicht über die Spuren der Vorderbeine hinaus, und der Schwung der Bewegung ist mehr nach oben und weniger nach vorne gerichtet. Der gewölbte Hals wird mit mehr Aufrichtung getragen.

Es ist ganz einfach, den Schritt eines Pferdes zu verderben, indem man es aus dem Takt bringt und es so treibt, daß man sein Gleichgewicht stört. Dann wird der Schritt schließlich »unsauber«. Das heißt, daß die korrekte Fußfolge nicht mehr eingehalten wird. Statt dessen stellt sich ein Zweitakt ein, bei dem linkes Hinter- und Vorderbein beziehungsweise rechtes Hinter- und Vorderbein gleichzeitig bewegt werden. Dieser fehlerhafte Schritt wird als »Paßgang« bezeichnet und führt in den üblichen Dressurprüfungen zu deutlichen Minuspunkten. Die Wurzel der meisten derartigen Taktfehler liegt in einer falschen Einwirkung des Reiters – zum Beispiel in zu starken Paraden, in zu starkem Treiben oder in zu harten Reiterhänden, die »riegeln« und das Pferd dazu veranlassen, Hals und Rücken steif zu machen und an Schwung zu verlieren. Man spricht von »reinen« Gängen, wenn die Bewegungsabläufe korrekt und natürlich sind. Um die Gangreinheit zu erhalten, darf man nicht ausschließlich fordernd reiten, sondern muß dem Pferd auch erlauben, den Hals zu strecken und seinen eigenen Takt zu finden.

Die Schritte im versammelten Schritt

Die Schritte im Mittelschritt

Die Schritte im freien Schritt

Die Schritte im starken Schritt

Die Schritte in den verschiedenen Tempi. Im versammelten Schritt sind sie kurz und erhaben, während sie im starken Schritt lang und raumgreifend sind.

DER TRAB

Der Trab ist eine Gangart im Zweitakt; der Bewegungsablauf ist diagonal mit einer dazwischenliegenden Schwebephase. Linkes Hinterbein und rechtes Vorderbein beziehungsweise rechtes Hinterbein und linkes Vorderbein werden gleichzeitig bewegt. Die Bewegung der Hinterbeine sollte der der Vorderbeine entsprechen, so daß die Hinterhufe in oder über die Abdrücke der Vorderhufe treten.

Mit zunehmender Ausbildung und Versammlung des Pferdes werden die Tritte höher und kadenzierter, der Raumgriff wird geringer, und die Beine bleiben länger in der Luft. Karpal- und Sprunggelenke werden stärker gebeugt. Je höher sich das Pferd vom Boden abstößt, desto deutlicher wird die Schwebephase. Diese Art von

Trabbewegung führt schließlich zur Passage, einem stark erhabenen Trab, der zu den fortgeschrittensten Dressurlektionen zählt. Wenn ein junges Pferd im Trab gearbeitet wird, muß das Hauptaugenmerk darauf liegen, eine reine Gangart mit regelmäßigen Tritten zu entwickeln, in der sich das Pferd im gleichmäßigen Takt frei vorwärts bewegt. Manche Pferde haben von Natur aus einen besseren Trab als andere. Einige bewegen sich von Natur aus taktrein, während andere eher zu eiligen, ungleichmäßigen Tritten neigen.
Um den Takt des eigenen Pferdes zu erspüren, muß man es fast bis zum Schritt durchparieren und dann mit den Schenkeln wieder vorwärts treiben, wobei man den beiden Takten der Trabbewegung nachspürt. Wenn man zu langsam reitet, verliert der Trab seine Schwebephase, und das Pferd »geht« nur noch von einem diagonalen Beinpaar auf das andere. Reitet man zu schnell, so geht die Schwebephase dadurch verloren, daß die Tritte flach werden und das Pferd von einer Diagonalen auf die andere »schlurft«. In der richtigen Geschwindigkeit hat das Pferd genügend Schwung, sich vom Boden zu lösen – und es hat genügend Zeit, zwischen den Tritten für den Augenblick der Schwebephase in der Luft zu *bleiben*. Wenn man im Trab den Hufschlag zu hören versucht, so sollte man ein regelmäßiges »1.2.1.2.1.2.1.2.« wahrnehmen.

Leichttraben und Aussitzen

Im Trab kann man entweder leichttraben oder aussitzen. Zu Beginn einer Trainingseinheit wird immer *leichtgetrabt*. Dabei kann das Pferd den Rücken freier bewegen, weil das Körpergewicht des Reiters mehr von dessen Beinen getragen wird als vom Gesäß. Man sollte dem Pferd das Gewicht eines aussitzenden Reiters erst dann zumuten, wenn es aufgewärmt ist und den Rücken losgelassen hat. Beim *Aussitzen* bleibt man in allen Trittphasen gleichmäßig im Sattel sitzen. Dabei kann man oft leichter spüren, wie gut der Trab ist. Wenn man noch keinen gefestigten Sitz hat, wird man dem Pferd allerdings ins Kreuz plumpsen, und es wird den Rücken deshalb steif machen, was den Trab verschlechtert.

Wichtig ist, daß beim Aussitzen und beim Leichttraben keine unterschiedlichen Schenkelhilfen gegeben werden. Häufig sieht man, daß der Reiter beim Leichttraben bei jedem Niedersetzen die Schenkel schließt und sie bei jedem Aufstehen aufmacht – oder umgekehrt. So wird es auf Anfängerniveau auch meistens gelehrt. Einerseits sollte es nicht notwendig sein, das Pferd bei jedem Tritt zu treiben, also sowohl beim Hinsetzen als auch beim Aufstehen. Andererseits muß man aber auch vermeiden, das Pferd nur bei jedem zweiten Tritt zu treiben, also immer *nur* beim Sitzen oder *nur* beim Stehen im Bügel. Dadurch würde ein diagonales Beinpaar des Pferdes aufgefordert werden, sich mit mehr Schub zu bewegen, während das andere diagonale Beinpaar überhaupt nicht angesprochen würde. Also müssen die Schenkel immer enge Fühlung mit dem Pferd halten; sie werden verstärkt eingesetzt, wenn das Pferd mehr Schub entwickeln soll, aber sie dürfen *nicht* im Trabtakt rhythmisch angelegt und abgespreizt werden.
Das Leichttraben mag zunächst einfacher erscheinen als das Aussitzen, aber die korrekte Haltung ist bei beiden Sitzarten gleichermaßen wichtig. Es sieht nicht gut aus und ist auch unangenehm für das Pferd, wenn man das Aufstehen und Hinsetzen übertrieben durchführt, also das

Im Arbeitstrab bewegt sich das Pferd in guter Aufrichtung tätig vorwärts.

Verlängerte Tritte im Trab. Das Pferd richtet sich auf und streckt das Vorderbein, bevor dieses den Boden berührt. Die Hinterbeine treten weit unter den Körper.

Gesäß weit aus dem Sattel abstößt. Man muß daran denken, daß beim Leichttraben die *Schenkel* das Pferd treiben, nicht das Kreuz. Wenn man versucht, Kreuz- beziehungsweise Gewichtshilfen zu geben, indem man sich schneller und höher aus dem Sattel stößt und dann wieder schwer zurückfällt, wird das nur dazu führen, daß das Pferd den Rücken versteift. Das Gesäß muß sich langsam aus dem Sattel heben und auch ruhig und sanft wieder einsitzen. Beim Leichttraben sollen Schenkel und Hände so ruhig wie möglich gehalten werden. Die Ellbogen müssen sehr nachgiebig sein; sie müssen beim Einsitzen stärker abgewinkelt werden als beim Aufstehen. Damit wird sichergestellt, daß sich die Reiterhand mit dem Pferdemaul bewegt und nicht mit der Auf- und Abbewegung des Reiterkörpers.

Bereits in den ersten Aufgaben der E-Dressur wird das Aussitzen verlangt, auch wenn einige Dressurprüfungen der Klassen E und A für bestimmte Teile der Aufgabe das Leichttraben vorschreiben. Das Aussitzen wird verlangt, weil der Reiter dabei die Gewichts- beziehungsweise Kreuzhilfen einsetzen und damit besser auf das Pferd einwirken kann.

Diagonale Beinpaare

Beim Leichttraben sitzt man für einen Takt ein, wenn das eine diagonale Beinpaar auffußt, und steht für einen Takt auf, wenn das andere diagonale Beinpaar auf dem Boden aufkommt. Es gibt also zwei Möglichkeiten: Man kann einsitzen, wenn linkes Vorderbein und rechtes Hinterbein auffußen oder wenn rechtes Vorderbein und linkes Hinterbein auf dem Boden aufkommen.

Am Anfang ist es manchmal schwierig, zu wissen, auf welchem Beinpaar man trabt. In der Fachsprache sagt man dazu nur: »Auf dem rechten beziehungsweise linken Hinterfuß traben«. Auch wenn man unsicher ist, sollte man versuchen, nicht nach unten auf die Beine des Pferdes zu sehen, weil man damit das Gleichgewicht des Pferdes stört! Normalerweise kann man an der Bewegung der Pferdeschultern erkennen, welches Bein auf dem Boden ist. Wenn man sich nicht sicher ist, wechselt man auf die linke Hand, sitzt aus und versucht, die Bewegung der Vorderbeine zu erspüren. Man sollte sich dabei ruhig bei jedem Tritt laut vorsprechen: »Links – rechts – links – rechts...« Wenn man das wirklich im Gefühl hat, kann man das »links« in »auf« übersetzen, und das »rechts« in »ab«. Nun kann man laut sagen: »Auf – ab – auf – ab«, und wenn man sich dabei sicher fühlt, kann man in diesem Rhythmus aufstehen und sich wieder hinsetzen.

Beim Ausreiten sollte man regelmäßig den Hinterfuß wechseln. Dazu kann man anstelle von einem Tritt zwei Tritte lang einsitzen. Einige Reiter finden das Traben auf dem einen Fuß bequemer als das auf dem anderen, und auch auf manche Pferde trifft das zu. Trotzdem sollte man weder sich selbst noch seinem Pferd nachgeben und *niemals* ständig auf einem bestimmten Hinterfuß leichttraben!

Bei der Arbeit in der Bahn sitzt man dann ein, wenn das innere Hinterbein und das äußere Vorderbein auf dem Boden aufkommen, und man steht auf, wenn das äußere Hinterbein und das innere Vorderbein auffußen.

Es ist wichtig, bei jedem Handwechsel (Richtungswechsel) auch den Hinterfuß zu wechseln. Man sollte sich für das Umsitzen aber eine Stelle aussuchen, an der man weder sich noch das Pferd aus dem Gleichgewicht bringt. Wenn man gerade

Mitteltrab im harmonischen Gleichgewicht

auf der Diagonalen verlängerte Tritte reitet, sollte man mit dem Fußwechsel warten, bis man die Ecke erreicht hat.

Die Tempi im Trab

Im Trab gibt es vier Tempi: Arbeitstrab, Mitteltrab, versammelten Trab und starken Trab.

Der *Arbeitstrab* stellt die Grundlage des Reitens im Trab dar, und er ist genau das, was der Name andeutet: ein Arbeitstempo. Das Pferd muß sich dabei tätig vorwärts bewegen und die Hinterhand aktiv einsetzen, um Schub zu entwickeln. Dieser Schub ermöglicht es ihm, mit schwingendem Rücken freie, gleichmäßige Tritte auszuführen. Das Pferd soll Aufrichtung und Beizäumung zeigen, die Zügelanlehnung soll fein, aber stetig sein. In Dressurprüfungen der Klasse A muß das Pferd aus dem Arbeitstrab heraus einige verlängerte Tritte zeigen. Das wird nur auf einer kurzen Strecke verlangt, und die verlängerten Tritte können allmählich entwickelt werden, so daß sichergestellt ist, daß das Pferd im Gleichgewicht bleibt. Das allmähliche Verlängern der Tritte wird allerdings schlechter bewertet als ein deutlicher Übergang. In dem Maße, in dem das Pferd die Hinterbeine stärker einsetzt und allmählich in die Versammlung geführt werden kann, wird es die verlängerten Tritte auch über längere Strecken und ohne große Schwierigkeiten zeigen können. Dies ist dann die Grundlage für seinen Mitteltrab.

Die Tritte im versammelten Trab

Die Tritte im Arbeitstrab

Die Tritte im Mitteltrab

Die Tritte im starken Trab

Die Tritte in den verschiedenen Trabtempi: Auch hier sind die Trittlängen sehr unterschiedlich.

Im Mitteltrab sind die Tritte länger und raumgreifender als im Arbeitstrab, ohne daß sich der Takt verändert. Es wird eine Rahmenerweiterung angestrebt, die das Pferd nur dann zufriedenstellend zeigen kann, wenn es sich wirklich selbst trägt und sich nicht auf die Reiterhand verläßt, die für die Aufrichtung sorgen soll.

Die Vorderhufe sollen den Boden dort berühren, wohin sie in der Bewegung zeigen. Es ist nicht korrekt, wenn die Hufe in der Luft weit vorgreifen und sich der Punkt, an dem sie dann tatsächlich auf dem Boden aufkommen, weiter hinten befindet. Das bedeutet nämlich normalerweise, daß das Pferd nicht im Gleichgewicht ist und zu stark auf der Vorhand geht. Es ist dann nicht in der Lage, durch Schwingen aus der Schulter einen wirklichen Mitteltrab zu entwickeln, und gleicht das aus, indem es das Bein nach oben wirft, wodurch die Tritte länger erscheinen. Das mag auf den ersten Blick ein recht gutes Bild abgeben, aber wenn man genau hinsieht, bemerkt man, daß die Hinterhand nicht so tätig ist wie die Vorhand. Die Röhrbeine von Vorder- und Hinterbein eines diagonalen Beinpaares sollten im gleichen Winkel gehalten werden.

Im *versammelten Trab* werden die Hanken stärker gebeugt – das heißt, die Gelenke der Hinterhand werden stärker gewinkelt–, und die Hinterbeine treten weiter unter den Körper, so daß sie einen größeren Teil des Körpergewichts aufnehmen. Dadurch wird die Vorhand entlastet, und das Pferd hat mehr Bewegungsfreiheit in der Schulter, so daß es höhere und erhabenere Tritte machen kann. Der Hals soll aufgerichtet und gewölbt sein; diese Haltung soll durch das bessere Gleichgewicht des Pferdes entstehen und nicht dadurch, daß der Reiter den Pferdekopf hochzieht! Die Tritte sind im versammelten Trab weniger raumgreifend als die im Arbeitstrab, dafür ist die Schwebephase stärker ausgeprägt. Der versammelte Trab wird für Lektionen auf zwei Hufschlägen wie Schulterherein und Traversalen (siehe Kapitel 10) eingesetzt, weil er sich durch größere Balance und bessere Einwirkungsmöglichkeiten auf das Pferd auszeichnet.

Der *starke Trab* wird aus einer größeren Rahmenerweiterung entwickelt, also aus einem Längerwerden des Pferdes. Die Erweiterung des Rahmens baut wiederum auf dem verbesserten Gleichgewicht auf, das im versammelten Trab erzielt wurde. Im starken Trab verlängert das Pferd seine Tritte und auch seinen Rahmen stärker als im Mitteltrab. Es streckt sich, behält dabei aber ein hohes Maß an Gleichgewicht und Selbsthaltung bei. Die Schwebephase ist verlängert, und manche Pferde scheinen im starken Trab kaum noch den Boden zu berühren, so leichtfüßig sind sie. Trotz des verlängerten Rahmens bleibt das Pferd bei weicher, fühlender Hand ständig in Anlehnung an das Gebiß.

DER GALOPP

Der Galopp ist eine Gangart im Dreitakt. Das bedeutet, daß auf einen Galoppsprung drei Takte entfallen. Ein Takt besteht darin, daß sich ein diagonales Beinpaar des Pferdes gleichzeitig bewegt, und die übrigen beiden Takte eines Galoppsprunges werden durch Einzelbewegungen der beiden anderen Beine erzeugt. Zwischen zwei Galoppsprüngen liegt eine kurze Schwebephase. Weil dem Galopp dieser Dreitakt zugrunde liegt, gibt es zwei verschiedene Fußfolgen für den Rechts- und den Linksgalopp. Im Rechtsgalopp fußt das Pferd erst links hinten, dann zugleich rechts hinten und links vorne und schließlich rechts vorne auf, im Linksgalopp ist es umgekehrt: rechts hinten, dann gleichzeitig links hinten und rechts vorne und schließlich links vorne.

Den Übergang zum Galopp bezeichnet man als Angaloppieren. Es ist sehr wichtig, daß sowohl Pferd als auch Reiter die korrekten Hilfen zum Angaloppieren links und rechts erlernen.

Fällt das Angaloppieren schwammig aus, so wird auch ein schlechter Galopp herauskommen. Man darf das Pferd nie in einen immer schnelleren Trab treiben, bis es schließlich in den Galopp fällt! Der Trabtakt sollte sich vor dem Angaloppieren nicht verändern.

Beim Galoppieren in der Bahn oder auf dem Zirkel kann das Pferd das Gleichgewicht besser halten, wenn es auf der richtigen Hand galoppiert. Das bedeutet, daß es sich mit der richtigen Fußfolge bewegen muß: Beim letzten Takt des Galoppsprunges fußt das innere Vorderbein auf, beim ersten Takt das äußere Hinterbein. Der Fachausdruck dafür ist Innengalopp oder Handgalopp – das Pferd galoppiert also auf der rechten Hand im Rechtsgalopp und auf der linken im Linksgalopp.

Wenn das äußere Vorderbein zuletzt vorgreift, galoppiert das Pferd »auf der falschen Hand«. Es gibt Pferde, denen das Galoppieren auf der einen Hand viel leichter fällt als auf der anderen Hand. Manche empfinden es sogar als einfacher, auf einer bestimmten Hand einen Zirkel im Außengalopp zu gehen, aber das kann durch geduldige Ausbildung korrigiert werden.

Wenn das Pferd sowohl im Links- als auch im Rechtsgalopp gut im Gleichgewicht bleibt, kann es den Außengalopp lernen, bei dem es absichtlich auf der »falschen« Hand geritten wird. Dazu müssen Reiter und Pferd sehr gut ausbalanciert sein, und das Pferd muß hervorragend an den Hilfen stehen.

Die richtige Reihenfolge für die einzelnen Phasen des Galoppsprungs lautet im Innen- oder Handgalopp: äußeres Hinterbein, inneres Hinterbein und äußeres Vorderbein, inneres Vorderbein.

Manchmal ist die Fußfolge nämlich nicht mehr klar zu unterscheiden. Das kann passieren, wenn das Pferd nicht im Gleichgewicht ist und hinten die Hand wechselt, nicht aber vorne. Dann bewegt sich das diagonale Beinpaar nicht mehr gleichzeitig, weil sich die Vorhand beispielsweise im Linksgalopp befindet, die Hinterhand aber im Rechtsgalopp. Diesen falsch ausgeführten Galopp bezeichnet man auch als Kreuzgalopp. Takt und Gleichgewicht gehen dabei völlig verloren, und ein solcher Galopp ist für Reiter und Pferd gleichermaßen ungemütlich.

Es kann auch passieren, daß das Pferd aus der richtigen Fußfolge kommt, so daß der Galopp zum Viertakt wird. Galopp im »Vierschlag« ist ebenso unkorrekt wie Paßgang (siehe Seite 29). Der Grund für eine derartige Taktverschiebung liegt nor-

Ausdrucksvoller Galopp. Man kann deutlich die Schwebephase erkennen.

malerweise darin, daß das Pferd die Hinterhand nicht genügend einsetzt und der Reiter zu stark versucht, den Galopp mit Hilfe der Zügel zu regulieren. Das Hinterbein, das gleichzeitig mit dem diagonal gegenüberliegenden Vorderbein auffußen sollte, ist nicht tätig genug und berührt den Boden zeitlich vor dem diagonalen Vorderbein. Dies wird dann als zusätzlicher Takt im Galoppsprung hörbar. Man darf einen solchen Viertakt nicht mit einem Galopp verwechseln, bei dem zwar die korrekte Fußfolge eingehalten wird, die Schwebephase aber fehlt. Das sieht dann fast aus wie Galopp im Viertakt, aber wenn man das diagonale Beinpaar sorgfältig beobachtet, kann man sehen, ob sich die beiden Beine gleichzeitig bewegen oder nicht.

Die Tempi im Galopp

Im Galopp unterscheidet man vier Tempi: Arbeitsgalopp, Mittelgalopp, versammelten Galopp und starken Galopp.

Der *Arbeitsgalopp* ist das grundlegende Galopptempo. Er soll einen klaren Dreitakt aufweisen, nach dem dritten Takt soll eine Schwebephase auftreten. Auf hartem Untergrund soll man diesen Dreitakt deutlich und gleichmäßig hören können. Im Arbeitsgalopp darf das Pferd weder eilen noch sich übermäßig anstrengen. Die Geschwindigkeit soll so gewählt werden, daß das Pferd gut im Gleichgewicht ist, und die Hinterhand soll so tätig sein, daß der Galopp »federt«. In manchen Aufgaben der A-Dressur wird das Zeigen von verlängerten Galoppsprüngen verlangt – entweder auf der langen Seite oder auf der Diagonalen. Dabei wollen die Richter sehen, daß das Pferd seinen Rahmen erweitern kann und dadurch die einzelnen Galoppsprünge raumgreifender werden, ohne daß der Takt eiliger oder das Gleichgewicht gestört wird.

Der *Mittelgalopp* ähnelt dem Galopp mit verlängerten Sprüngen. Allerdings wird ein klarer Übergang zum Mittelgalopp verlangt, die Tritte müssen über längere Zeit durchgehalten werden, und es soll auch ein deutlicher Übergang zurück in den Arbeitsgalopp gezeigt werden. Dazu ist ein besseres Gleichgewicht erforderlich. Das Pferd muß die Sprunggelenke stärker einsetzen als beim Arbeitsgalopp. Dadurch kann es deutliche Übergänge aus dem und in den Mittelgalopp ausführen, ohne daß es auf die Vorhand kommt und der Galopp seinen Ausdruck verliert.

Im *versammelten Galopp* sind die Sprünge weniger raumgreifend als im Arbeitsgalopp, aber das Pferd beugt die Hanken stärker und galoppiert damit mehr »bergauf« als vorwärts. Der verstärkte Einsatz der Hinterhand verlagert den Schwerpunkt des Pferdes weiter nach hinten. Die Kruppe sollte jetzt tiefer liegen als Widerrist und Vorhand, so daß das Pferd leichtfüßiger wird und mehr Bewegungsfreiheit in der Schulter hat. Die Sprünge sind runder und erhabener, der Hals wird aufgerichtet und gewölbt getragen. Aus dem versammelten Galopp heraus können fliegende Wechsel geübt werden – dabei springt das Pferd während der Schwebephase aus dem Links- in den Rechtsgalopp oder umgekehrt.

Die Sprünge im versammelten Galopp

Die Sprünge im Arbeitsgalopp

Die Sprünge im Mittelgalopp

Die Sprünge im starken Galopp

Ähnlich wie im Trab, so verändert sich die Form der Sprünge auch in den verschiedenen Galopptempi.

Im starken Galopp sollen die Sprünge den größtmöglichen Raumgriff entwickeln, und zwar immer noch im gleichen Takt wie beim versammelten Galopp. Hier fließt der Schub aus der Hinterhand allerdings in erster Linie in die Vorwärtsbewegung und weniger in die Aufrichtung des Pferdes. Auch im starken Galopp wird eine Rahmenerweiterung verlangt, aber das Pferd muß trotzdem völlig im Gleichgewicht bleiben und an den Hilfen des Reiters stehen, so daß dieser innerhalb von höchstens zwei oder drei Sprüngen in den versammelten Galopp durchparieren kann.

5

An den Zügel stellen

»An den Zügel stellen« – das bedeutet *nicht*, daß man dem Pferd den Kopf herunter- und die Nase in Richtung Brust zieht, so daß sich von der Stirn abwärts eine senkrechte Linie ergibt. Obwohl das Pferd auch dabei eine Haltung einnimmt, die an die erwünschte Beizäumung erinnert, ist diese künstliche Kopfhaltung fast immer durch unnachgiebige Zügeleinwirkung und durch einen verspannten Pferderücken gekennzeichnet und damit völlig falsch.

AUFRICHTUNG UND BEIZÄUMUNG

Ein Pferd, das »am Zügel steht«, bewegt sich aus der Hinterhand heraus tätig vorwärts und schiebt sich in Aufrichtung und mit gewölbtem Hals an eine stetige, fühlende Zügelanlehnung heran. Aufrichtung oder ihre Weiterführung, die Beizäumung, ist die Haltung, in der sich das Pferd selbst trägt. Bei guter Beizäumung weist der Hals vom Widerrist zum Genick eine gewölbte Oberlinie auf, wobei das Genick den höchsten Punkt darstellt. Das Genick ist gebogen, so daß sich der Nasenrücken des Pferdes kurz vor einer gedachten senkrechten Linie befindet, die man von der Stirn abwärts ziehen kann. Diese Beizäumung ist nur dann korrekt, wenn sie dadurch erzielt wurde, daß die Schenkel des Reiters das Pferd aktiv in die Anlehnung hinein getrieben haben. Sind die treibenden Hilfen nicht ausreichend, so bleibt der Hals gerade und wird nicht gebogen.

ÜBER DEM ZÜGEL

Ein Pferd, das über dem Zügel geht, drückt mit der Unterhalsmuskulatur von unten nach oben gegen die Hand und macht den Hals steif, statt ihn nach oben zu wölben. Dabei nimmt es die Nase deutlich vor die Senkrechte, und der Rücken ist durchgedrückt und verspannt. Das dabei entstehende Bild ist also genau das Gegenteil von dem eines Pferdes, das in Aufrichtung und Beizäumung am Zügel steht.

DIE ANLEHNUNG

Unter Anlehnung versteht man die Verbindung zwischen Reiterhand und Pferdemaul, die durch die Zügel hergestellt wird. Die Anlehnung ermöglicht es, Zügelhilfen zu geben und damit auf das Pferd einzuwirken. Versucht man, ohne Anlehnung zu reiten, so ist das in etwa damit vergleichbar, ein Telefon benutzen zu wollen, das nicht angeschlossen ist, so daß noch nicht einmal die Notrufe durchkommen.

Es ist unabdingbarer Bestandteil des Reitens, eine gewisse Kontrolle über das Pferd auszuüben. Wenn man beim Ausritt auf etwas Erschreckendes oder Gefährliches trifft und das Pferd dies zum Anlaß nimmt, kehrtzumachen und nach Hause zu rennen – wie würde man es dann zum Anhalten bringen, wenn es keine Zügelhilfen kennen würde? Wie würde man es von einer Gefahr weglenken, wenn man die Zügel nicht einsetzen könnte? Jedes Pferd muß möglichst früh lernen, die Anlehnung zu akzeptieren und sicher auf die Zügelhilfen des Reiters zu reagieren.

Anlehnung entsteht dadurch, daß das Pferd durch den Schenkel vorwärts an das Gebiß herangetrieben wird. Das bedeutet, daß der Reiter eine Verbindung zwischen seinen Schenkel- und Zügelhilfen aufbauen muß. Wenn man die Schenkel einsetzt, sollte man spüren können, daß die Anlehnung sicherer wird. Um stetige Zügelanlehnung zu erreichen, muß man mit den Schenkeln stetige Fühlung aufrechterhalten; um die Zügelanlehnung zu verstärken, müssen die Schenkelhilfen stärker werden.

Kein Pferd ist wie das andere, deswegen gibt es auch keine allgemeingültigen Regeln dafür, wie man zur Anlehnung kommt. Trotzdem muß jedes Pferd auf die eine oder andere Art dazu gebracht werden, daß es sich vom Schenkel in die Zügelanlehnung treiben läßt.

Ein faules Pferd muß zunächst unbedingt lernen, sich vom Schenkel treiben zu lassen; erst dann kann man ihm beibringen, in der Vorwärtsbewegung eine leichte Anlehnung an den Zügel zu suchen.

Ein Pferd, das vor der Schenkelhilfe wegrennt, muß erst einmal so weit beruhigt

Ein zufrieden am Zügel stehendes Pferd in guter Aufrichtung und Beizäumung

S

werden, daß man überhaupt *aktiv* Fühlung mit dem Schenkel aufnehmen kann. Dieses Beruhigen und Verlangsamen muß man so oft wiederholen, bis das Pferd verstanden hat, daß die Schenkelhilfe es nicht zum Schnellerwerden auffordert, sondern dazu, in gleichbleibender Geschwindigkeit vorwärts an die Anlehnung heranzutreten.

Das Kauen auf dem Gebiß

Wenn ein Pferd die Anlehnung schließlich annimmt, wird es oft anfangen, auf dem Gebiß zu kauen. Das ist ein gutes Zeichen und darf nicht mit dem Zähneknirschen verwechselt werden, das auf Widerstand hindeutet. Beim Kauen wird das Maul naß und schäumt, und auch das ist positiv zu bewerten. Ein trockenes Maul ist normalerweise ein Hinweis darauf, daß das Pferd den Kiefer festhält, um der fühlenden Anlehnung auszuweichen.

Es ist wichtig, daß man dem Pferd von Anfang an eine Zügelanlehnung anbietet, an die es herantreten kann. Man sollte sich immer um eine leichte, fühlende Anlehnung bemühen, bei der jeder der beiden Zügel gleich viel Gewicht aufnimmt.

Oben: Über dem Zügel

Unten: Das Pferd nimmt die Nase vor die Senkrechte. Selbst wenn es nicht so stark über dem Zügel geht wie das Pferd im obigen Bild, ist die Beizäumung auch hier nicht ausreichend.

VERWEIGERN DER ANLEHNUNG

Wenn das Pferd die Anlehnung verweigert, kann es sich auf verschiedene Arten zur Wehr setzen.

- Indem es das Maul aufsperrt, die Zunge gegen das Gebiß preßt oder sie sogar darüber nimmt, oder indem es die Zunge aus dem Maul hängen läßt.
- Indem es mit seiner Körperkraft gegen die Anlehnung ankämpft. Es kann beispielsweise den Kopf verwerfen oder hochnehmen oder sich auf das Gebiß legen.
- Indem es den Zügelhilfen ausweicht und »hinter den Zügel kriecht«. Dazu kann es den Hals wölben und verkürzen, indem es den Kopf in Richtung Brust nimmt, oder es kann sich im Genick zu stark wölben und die Nase hinter die Senkrechte nehmen.

Egal, auf welche Art das Pferd versucht, der weichen, fühlenden Anlehnung auszuweichen, die man als Reiter herzustellen versucht – es ist immer wichtig, daß man sich bemüht, die Zügelanlehnung mit Gefühl aufrechtzuerhalten. Man darf nicht jedes Mal mit den Händen nachgeben, wenn sich das Pferd hinter dem Zügel verkriecht. Sonst lernt es nämlich bald, daß es der Anlehnung ausweichen kann, indem es den Hals einrollt. Wenn man es schafft, trotz des stark verkürzten Pferdehalses mit den Zügeln Kontakt zu halten, wird das Pferd bald lernen, daß es bequemer ist, mit längerem Hals zu gehen und die Anlehnung zu akzeptieren.
In ähnlicher Weise darf der Reiter einem Pferd, das sich schwer auf den Zügel legt, nicht erlauben, ihm weiterhin fast die Arme auszureißen. In einem solchen Fall muß man die Stärke der Anlehnung regulieren, indem man die Zügel nachgibt und

dann wieder annimmt, bis eine akzeptable Anlehnung zustande kommt. Es ist wirklich Sache des Reiters, dem Pferd beizubringen, wieviel Anlehnung er sich wünscht und was er nicht akzeptiert.

Manche Pferde lehnen sich gerne stärker auf den einen Zügel als auf den anderen; viele sind auf einer Seite steifer und werden versuchen, auf dieser Seite stärker an den Zügel heranzutreten. Zur Korrektur dieser Ungleichmäßigkeit muß man auf der Seite mit der geringeren Anlehnung gefühlvoll versuchen, das Pferd zu einem vermehrten Herantreten an das Gebiß zu ermuntern, während man auf der Seite mit der stärkeren Anlehnung immer wieder nachgibt.

Selbst wenn Pferd und Reiter normalerweise gefühlvolle Anlehnung halten können, wird es immer Augenblicke geben, in denen das Pferd plötzlich den Kopf bewegt und dadurch den erwünschten Grad der Anlehnung aufgibt. Wenn das passiert, muß der Reiter zuerst mit dem Schenkel reagieren, nicht mit der Hand – er muß das Pferd wieder an den Zügel herantreiben und darf nicht versuchen, es mit der Hand in die Anlehnung zurückzuzwingen. Es ist ganz wichtig, sich ständig vor Augen zu halten, wie die Anlehnung zustande kommt – nämlich dadurch, daß das Pferd *vorwärts* an das Gebiß herantritt.

ANLEHNUNG ZUR ERZIELUNG DER BEIZÄUMUNG

Wenn die Anlehnung einmal aufgebaut ist, kann man mit ihrer Hilfe eine bessere Aufrichtung und Beizäumung herausreiten. Dazu ist es sinnvoll, beim Reiten auf gerader Linie mit den Schenkeln vorwärts zu treiben und gleichzeitig die Anlehnung zu verstärken, bis das Pferd anfängt, dieser annehmenden Hilfe nachzugeben und den Hals zu wölben.

Dann muß man zur Belohnung sofort mit den Händen nachgeben, also die Zügeleinwirkung abschwächen. Bei diesem Nachgeben darf man die Anlehnung allerdings nicht völlig aufgeben – sie wird nur aus den Ellbogen heraus leichter und weicher. Es ist wichtig, daß man das Annehmen der Zügel so lange aufrechterhält, bis das Pferd anfängt, nachzugeben. Wenn man schon vorher nachgibt, versteht das Pferd nicht, worauf der Reiter hinauswill.

Nachdem das Pferd nachgegeben und der Reiter die Intensität seiner Hilfen verringert hat, kann es gut sein, daß das Pferd den Kopf zu hoch nimmt und auf einmal nicht mehr am Zügel geht. In diesem Fall wird man die Übung wiederholen müssen, bis das Pferd lernt, daß der Reiter erst dann nachgeben wird, wenn es die Beizäumung von selbst beibehält.

Man darf nie versuchen, das Pferd zur Beizäumung zu zwingen, indem man den Pferdekopf mit starren Händen unten hält. Es muß für das Pferd angenehm sein, am Zügel zu gehen, und unangenehm, dies nicht zu tun. Wenn man dabei konsequent bleibt, wird es rasch lernen, an das Gebiß heranzutreten, sobald der Reiter die Schenkel einsetzt – und zwar oft, noch bevor man die Zügel benutzt hat.

Oben: Ein unangenehmer Augenblick für Pferd und Reiter: Das Pferd ist über dem Zügel und verweigert die Anlehnung.

Unten: Hier hat das Pferd den Hals eingerollt, der Nasenrücken befindet sich hinter der Senkrechten.

S

Meiner Erfahrung nach kann man diese Arbeit am besten auf dem Zirkel in Angriff nehmen. Auf dieser relativ großen Kreislinie treibt man das Pferd mit dem inneren Schenkel an den äußeren Zügel heran und setzt diesen Zügel gleichzeitig ein, um mehr Beizäumung zu erreichen. Der innere Zügel und der äußere Schenkel halten gleichmäßige, aber passive Fühlung. Mit dieser Methode kann man häufig bessere Erfolge erzielen als durch den Einsatz beider Schenkel und beider Zügel – vor allem dann, wenn das Pferd eine »gute« und eine »schlechte« Seite hat. Wenn man die schlechte, also die steifere Seite auf die Innenseite des Zirkels nimmt, kann man auf der guten Seite mehr Anlehnung haben und auf der schlechten Seite einen leichteren und passiveren Zügelkontakt halten. Man sollte zwar immer versuchen, das Pferd gleichermaßen auf der linken und auf der rechten Hand auf dem Zirkel zu arbeiten, aber es ist leichter, wenn man zunächst auf der schlechteren Hand, also mit der besseren Seite nach außen, reitet. Sobald man eine gleichmäßigere Anlehnung und eine bessere Beizäumung erreicht hat, wechselt man die Hand.

Es ist sehr wichtig, diese »Verbindung« zwischen innerem Schenkel und äußerem Zügel herzustellen; sie ist für die Ausbildung bis hin zu den höchsten Klassen von unschätzbarem Wert. Der äußere Zügel ist der Zügel, der die größte Einwirkung nehmen kann: Er reguliert die Geschwindigkeit und überwacht Geraderichtung und Biegung. Ein übermäßiger Einsatz des inneren Zügels bringt Kopf und Hals des Pferdes zu weit nach innen. Es kann dann über die äußere Schulter ausfallen und seine Geraderichtung verlieren.

Der äußere Zügel darf aber nicht so stark eingesetzt werden, daß das Pferd eine Stellung nach außen bekommt. Wenn sich das Pferd vom inneren Schenkel in die Anlehnung an den äußeren Zügel treiben läßt, sollte es die äußere Halsseite etwas nach vorne strecken, um auf dieser Seite die Anlehnung aufzunehmen. Muß der Reiter den Zügel verkürzen und den Pferdehals nach außen ziehen, um Anlehnung zu erreichen, so sind die treibenden Hilfen des inneren Schenkels nicht ausreichend.

STELLUNG UND BIEGUNG

Eine gute Anlehnung an das diagonale Hilfenpaar innerer Schenkel/äußerer Zügel ist auch die Grundlage für Stellung und Biegung. Wenn das Pferd am Zügel steht, kann man eine Biegung entlang der Wirbelsäule verlangen, die auch den Hals mit einschließt. Diese Biegung sollte auf Zirkeln, in Wendungen und in den Ecken nach innen gerichtet sein.

Sie wird erreicht, indem man den inneren Schenkel und den inneren Zügel einsetzt, während der äußere Zügel unterstützend wirkt. Man sollte gerade das innere Auge des Pferdes sehen können. Es ist wichtig, darauf zu achten, daß man eine wirkliche Biegung erreicht, daß also das ganze Pferd der gebogenen Linie folgt. Im Gegensatz dazu bezeichnet man es als Stellung, wenn das Pferd nur den Hals nach innen biegt, während der restliche Pferdekörper in sich gerade bleibt. Auf einer Kreislinie fällt dann die Schulter nach außen aus, und das Pferd ist in sich schief.

DER EINSATZ DER ZÜGEL

Eine weiche, fühlende Anlehnung kommt immer aus dem Ellbogen, und Zügelhilfen werden in erster Linie durch leichte Bewegungen der Ellbogen gegeben. Wenn die Finger nicht geschlossen und die Hand-

gelenke unruhig sind, führt das keineswegs zu weicher Anlehnung – im Gegenteil, dadurch wird die gerade Linie gebrochen, die immer vom Ellbogen an den Zügeln entlang zum Pferdemaul verlaufen soll.
Die Zügel müssen so kurz gehalten werden, daß die Anlehnung auch dann beibehalten werden kann, wenn das Pferd den Kopf bewegt, und zwar ohne daß die gerade Grundlinie vom Ellbogen zum Gebiß aufgegeben wird. Die Ellbogen befinden sich etwas vor dem Körper des Reiters. Wenn man die Zügel zu lang läßt, kommen die Ellbogen leicht hinter den Körper, und damit macht man die Schultern steif. Sind die Zügel zu kurz, so werden die Ellbogen zu weit nach vorne gestreckt. In beiden Fällen verliert man die Geschmeidigkeit, die sich ergibt, wenn der Körper im Gleichgewicht ist und Schultern, Arme und Ellbogen in natürlicher, bequemer Haltung getragen werden.
Zum Verkürzen der Zügel hält man beide Zügel in einer Hand und gleitet mit der anderen Hand bis zur gewünschten Stelle nach vorne. Anschließend hält man die Zügel mit dieser Hand, während man die erste Hand auf die gleiche Höhe bringt. Es ist sehr wichtig, diesen Vorgang so zu üben, daß man dabei jederzeit die Anlehnung aufrechterhält und die Finger geschlossen bleiben.
Die unkorrekte, aber sehr häufig zu beobachtende Methode besteht darin, beide Fäuste zu öffnen und mit den Fingern an den Zügeln entlang nach vorne zu »marschieren«. Auf diese Art kann man keine stetige Anlehnung halten. Schlimmer noch, dadurch entsteht ein Augenblick, in dem beide Fäuste offen sind und die Finger nicht auf den Zügeln liegen. Wenn sich das Pferd gerade diesen Augenblick aussucht, um zu scheuen, loszurennen oder zu stolpern, wird es dem Reiter die Zügel einfach

So haben die Zügel die korrekte Länge.

Zu kurze Zügel – die Arme des Reiters sind gestreckt.

Zu lange Zügel – die Ellbogen des Reiters befinden sich hinter seinem Körper.

durch die Finger ziehen, und schon hat er keinerlei Einwirkungsmöglichkeit mehr.

ZUSAMMENHANG ZWISCHEN KOPFHALTUNG UND GLEICHGEWICHT

Die Kopfhaltung des Pferdes hat viel mit seinem Gleichgewicht zu tun. Wenn es den Kopf sehr tief trägt, bringt es vermutlich zuviel Gewicht auf die Vorhand und befindet sich damit nicht mehr im Gleichgewicht. Vielleicht legt es sich in dieser Haltung auch schwer auf die Hand, um sich auszubalancieren.

Um diesen Fehler zu korrigieren, kann man die Hände für die Dauer einer Fußfolge nach oben und vorne nehmen, während man gleichzeitig mit den Schenkeln kräftig treibt. Diese Methode, das sogenannte Überstreichen, soll das Pferd dazu bringen, an die Hand heranzutreten und ihm einen Impuls geben, den Kopf zu heben. Auf keinen Fall darf man versuchen, den Kopf des Pferdes nur mit den Händen nach oben zu ziehen – das führt nur zu einem Zusammenziehen und einer Anspannung des Halses, wodurch es für das Pferd *noch schwieriger* ist, den Kopf zu heben. Durch das Nachgeben der Zügel und den Einsatz der Schenkel hat das Pferd keine Gelegenheit, sich auf den Zügeln abzustützen. Es soll sich ja selbst tragen. Das Heben von Kopf und Hals muß durch die Schenkel angeregt werden, nicht durch die Hände.

Pferde, die zu einer tiefen Kopfhaltung neigen, müssen besonders deutlich an den Schenkelhilfen gehalten werden. Sie sollten immer »vor dem Schenkel« bleiben und ständig an das Gebiß herangetrieben werden. Eine stetige Zügelanlehnung ist dabei wichtig, um den Schub zu kontrollieren, der durch die Schenkelhilfen angeregt wird. Die Anlehnung verhindert außerdem, daß dieser Schub das Pferd aus dem Gleichgewicht bringt. Eine tiefe Kopfhaltung kann auch durch den Reiter verursacht werden, wenn dieser sich nach vorne lehnt und nach unten blickt. Ein solcher Sitz ist praktisch eine Einladung an das Pferd, eine ähnliche Haltung einzunehmen. Vielleicht haben Sie auch schon erfahrene Reiter gesehen, die ihre Pferde sehr »tief« arbeiten – das heißt, mit sehr tief gehaltenem Kopf, aber trotzdem mit gewölbtem Hals. Diese Reiter halten ihre Pferde im Gleichgewicht, indem sie die Hinterhand zu starker Aktivität anregen. Durch die tätige Hinterhand kann das Pferd nicht auf die Vorhand kommen. Dieses »tiefe« Arbeiten ist auch eine nützliche Übung, um die Muskeln entlang der Oberlinie des Pferdes zu dehnen, so daß der Pferderücken lockerer wird. In den frühen Phasen der Ausbildung sollte man aber nicht versuchen, so etwas nachzuahmen. Man muß dabei in der Lage sein, auch das kleinste Gleichgewichtsproblem schnellstens zu erkennen und zu korrigieren, um nicht mehr Schaden als Nutzen anzurichten.

Ein Pferd mit zu hoher Kopfhaltung ist – wenn man nicht gerade die Pferdeohren im Gesicht hat – häufig angenehmer zu reiten als eines, das ständig versucht, die Reiterhand nach unten zu ziehen. Wenn es allerdings Kopf und Hals hoch trägt, indem es den Rücken wegdrückt oder hohl macht, so muß diese Haltung unbedingt korrigiert werden. Das Pferd sollte den Hals aufgerichtet tragen, ohne dabei irgendwo steif zu werden.

Eine hohe Kopfhaltung hat ihre Ursache oft in Aufregung und Nervosität. Ein Pferd hebt von Natur aus den Kopf, wenn es aufgeregt ist – man muß nur einmal beobachten, wie Pferde auf der Koppel reagieren, wenn sie vor etwas erschrecken. Wenn ein

Pferd so verspannt und aufgeregt ist, ist es für den Reiter nicht leicht, es an den Zügel zu reiten, ohne es vorher beruhigt zu haben. Wir dürfen nie vergessen, daß das Pferd dem Reiter vertrauen muß. Es hat keinen Sinn, ihm den Kopf herunterzwingen zu wollen – das Pferd ist stärker als der Reiter! Man muß zunächst seine Aufmerksamkeit gewinnen, indem man es beispielsweise auf dem Zirkel reitet und einfache Übergänge zwischen Schritt und Halten fordert. Dabei müssen unbedingt die Schenkel eingesetzt werden, um das Pferd zum Vorwärtsgehen zu veranlassen. Man darf das Pferd nicht einfach vorwärtsrennen lassen, ohne daß es durch Hilfen des Reiters dazu aufgefordert wurde.

Wenn es seine Aufmerksamkeit schließlich auf den Reiter richtet, statt sich ständig in der Umgebung umzusehen, kann man langsam anfangen, es an eine stetige Zügelanlehnung heranzutreiben und es mittels dieser Anlehnung aufzurichten. Dazu bleibt man auf dem Zirkel und treibt es allmählich mit dem inneren Schenkel an den äußeren Zügel heran.

Hat man das Gefühl, daß das Pferd allmählich zu einer stärkeren Anlehnung an den äußeren Zügel findet, so kann man mit diesem Zügel einen Augenblick lang gegenhalten. Das Pferd sollte dann am Zügel leichter werden, im Genick nachgeben und mit Hals und Kopf eine stärkere Beizäumung annehmen. Sobald es seinen Hals so hergibt, müssen die Hilfen sofort schwächer werden, und der äußere Zügel muß nachgeben.

Wenn das Pferd die stetige Anlehnung sucht, bei der Arbeit ständig aufgerichtet und beigezäumt bleibt und auf die Zügelhilfen reagiert, ohne diese Körperhaltung zu verändern, dann steht es wirklich am Zügel und an den Hilfen.

6

Übergänge, Halten und Rückwärtsrichten

Als Übergänge bezeichnet man Wechsel zwischen Gangarten. Bei weiter fortgeschrittener Ausbildung versteht man darunter auch den Wechsel zwischen verschiedenen Tempi innerhalb einer Gangart. Das Reiten von Übergängen fördert den Gehorsam und das Verständnis und hilft letztlich auch bei der Verbesserung des Gleichgewichts, so daß die Übergänge von großer Bedeutung für die Ausbildungsarbeit sind.
Anfangs sollen die Übergänge stufenweise geritten werden – vor allem, wenn ein Übergang durch zwei Gangarten verlangt wird, nicht nur durch eine. Wenn man beispielsweise vom Galopp zum Halten durchparieren möchte, sollte man dazwischen einige Tritte im Trab und im Schritt zulassen, so daß das Pferd nicht aus dem Gleichgewicht kommt. Sobald es sich problemlos ausbalancieren kann und ohne Verzögerung auf die Reiterhilfen reagiert, kann man die Übergänge direkt und ohne Zwischenschritte reiten.

HALBE PARADEN BEI ÜBERGÄNGEN

Die halbe Parade ist ein sehr wichtiger Bestandteil der Ausbildung. Halbe Paraden werden eingesetzt, um das Pferd wieder ins Gleichgewicht zu bringen (siehe Kapitel 7), und sie dienen zur Vorbereitung auf die verschiedensten Lektionen und Figuren einschließlich der Übergänge. Sie machen das Pferd aufmerksamer und stellen es stärker an die Hilfen, so daß es die Aufgabe, die ihm als nächstes gestellt wird, besser erfüllen kann.
In manchen anderen Sprachen heißt die halbe Parade »halbes Halten« – und sie ist genau das, was dieser Ausdruck andeutet: Man befindet sich auf halbem Wege zum Halten und reitet dann weiter vorwärts. Zu Anfang kann es sein, daß man die Hilfen mehrmals wiederholen muß, aber mit fortschreitender Ausbildung wird das Pferd immer besser darauf reagieren – und im Gegenzug sollten die Hilfen immer feiner werden.
Bevor man einem Pferd die halbe Parade beibringen kann, sollte es die einfachen Übergänge zwischen Halten, Schritt und Trab bereits kennen. Wenn es die Hilfen für diese Übergänge vollständig verstanden hat, versucht man, es vom Trab zum Schritt durchzuparieren und dann sofort wieder anzutraben. Das wiederholt man immer wieder und verkürzt dabei die Schrittphase

Am besten kann man Sitz, Haltung und Gleichgewicht an der Longe verbessern. Ein Reitlehrer sollte das Pferd longieren und den Sitz des Reiters korrigieren.

Die Ausrüstung von Pferd und Reiter für eine Dressurstunde

Mittelgalopp

Starker Galopp

Das absichtliche Galoppieren auf der falschen Hand bezeichnet man als Außengalopp. Dazu sind exakte Hilfengebung und gutes Gleichgewicht nötig.

Das Pferd der Autorin, Quarryman, im starken Trab

Arbeitsgalopp

Freier Schritt am langen Zügel – das Pferd streckt Kopf und Hals abwärts und geht frei und fleißig vorwärts.

Rechts oben: Versammelter Trab. Unten: Starker Trab. Man sieht deutlich den Unterschied in Rahmen, Aufrichtung sowie Länge und Erhabenheit der Tritte.

Das Geraderichten und ein gerader Sitz sind wichtige Lernziele. Links geht das Pferd schief und über dem Zügel. Außerdem hat es das Maul geöffnet. Oben knickt die Reiterin in der Hüfte nach rechts ein und spreizt den linken Schenkel ab. Auch der Kopf des Pferdes ist nach rechts gestellt.

Rechts:
Hier sind Pferd und Reiterin schon deutlich gerader, aber immer noch nicht perfekt!

Schulterherein rechts

Travers (Kruppeherein) links

Trabtraversale links

Emile Faurie auf Virtu vertrat Großbritannien bei den Olympischen Spielen in Barcelona.

Korrekter Gruß einer Reiterin vor einer Dressurprüfung

OR LIFE
Riding
Parkers

Oben:
Carl Hester auf Giorgione führt bei den Olympischen Spielen von Barcelona einen ausdrucksvollen Galopp vor.

Links, oben:
Pferd und Reiter in korrekter Ausstattung für eine Dressurprüfung auf mittlerem Niveau

Links, unten:
Die Ausbilderin der Autorin, Sarah Whitmore, im starken Trab auf Dutchman. Sarah Whitmore hat Großbritannien bei vielen reiterlichen Ereignissen vertreten, unter anderem bei den Olympischen Spielen von Montreal.

Die Autorin mit Quarryman in der Passage

allmählich so, daß sie schließlich nur noch den Bruchteil eines Schrittes umfaßt. Dadurch hat man die beiden Übergänge zu einem kurzen »Verhalten« verschmolzen, das nur einen Moment lang andauert. Das ist eine halbe Parade, die man in allen drei Gangarten geben kann.

DAS REITEN VON ÜBERGÄNGEN

Das Pferd sollte im Gleichgewicht bleiben und weiterhin am Zügel stehend vorwärts gehen. Die Hilfengebung muß einfach und klar sein, und der Reiter sollte sich im Gleichgewicht mit dem Pferd in die neue Gangart hineinbewegen. Wenn man selbst das Gleichgewicht verliert, kann man vom Pferd nicht erwarten, daß es ausbalanciert oder an den Hilfen bleibt.
Für alle Übergänge müssen Gewichts-, Schenkel- und Zügelhilfen koordiniert zusammenwirken. Für die Schenkelhilfe gibt es drei grundlegende Möglichkeiten:
1. Ein aktiver, fordernder Schenkel treibt zu schnellerer Gangart.
2. Ein anliegender, einrahmender Schenkel verlangsamt das Pferd oder hält es an.
3. Ein passiver, »fühlender« Schenkel erhält die Gangart und kann jederzeit fordernder werden, wenn es nötig ist.

Auch die Zügel können auf drei Arten eingesetzt werden:
1. Als annehmende Hilfe zum Verlangsamen oder Anhalten.
2. Als nachgebende Hilfe, die die Reaktion auf 1. belohnt. Dabei wird die Anlehnung einen Augenblick lang leichter, was aber nicht zu einem völligen Verlust der Anlehnung führen darf, bei dem die Zügel nicht mehr anstehen.
3. Als passive Anlehnung, die lediglich das Maß an Anlehnung aufrechterhält, das durch die Vorwärtsbewegung des Pferdes aufgrund der Schenkelhilfen entsteht.

Und ebenso kann man die Gewichtshilfen variieren:
1. Aktiv, indem man das Kreuz anspannt und leichter oder schwerer einsitzt, je nachdem, zu welchem Gangmaß man die Bewegung steigern möchte.
2. Zum Zurückhalten und Verlangsamen des Ganges, indem man ruhig sitzt und nicht in die Bewegung des Pferdes eingeht.
3. Passiv, indem man mit den Bewegungen des Pferdes mitgeht, so daß das gegenwärtige Tempo beibehalten wird.

Bei der Hilfengebung für einen Übergang muß man dem eigenen Körper erlauben, mit dem Pferd in die gewünschte Gangart mitzugehen. Es nützt nichts, wenn man vom Pferd einen Übergang vom Schritt zum Trab verlangt und dabei steif und unnachgiebig wie ein Felsbrocken im Sattel sitzt. Dann hat man es zwar mit den Schenkeln zum Trab aufgefordert, aber der übrige Reiterkörper sagt ihm, daß es sich nicht bewegen soll.
Um zu begreifen, wie man mit dem eigenen Körper mit den Bewegungen des Pferdes mitgehen kann, muß man sich an die Bewegungsabläufe des Pferdes in den drei Grundgangarten erinnern. Im Schritt bewegt das Perd seine vier Beine unabhängig voneinander in gleichmäßiger Fußfolge und in regelmäßigem Takt. Auch wenn es im Schritt keine Schwebephase gibt, sollte die Bewegung sich in einem geschmeidigen Durchschwingen des Körpers bemerkbar machen. Man muß sich davor hüten, diesem Durchschwingen übertrieben folgen zu wollen, indem man die Hüften von

einer Seite zur anderen bewegt. Es ist besser, sich einfach vom Pferd vorwärts tragen zu lassen, den Rücken dabei gerade und stabil zu halten, die Hüften zu entspannen und das Gesäß ohne Anstrengung im Sattel ruhen zu lassen. Dabei sollte keinerlei Auf- und Abbewegung auftreten, die der Reiter aus dem Sattel hebt. Die Ellbogen müssen so locker sein, daß sie der Anlehnung nach vorne folgen und mit der Bewegung von Kopf und Hals des Pferdes mitgehen können.

Vom Halten zum Schritt

Um aus dem Halten heraus im Schritt anzureiten, hält man Gesäß und Oberkörper ruhig und entspannt. Nun treibt man sanft mit beiden Beinen, bis man spürt, daß sich das Pferd in Bewegung setzt. In diesem Augenblick hören die Schenkel zu treiben auf, bleiben aber eng am Pferdeleib anliegen. Man läßt die Schenkel im Takt der Schrittbewegung mitgehen, ohne sich damit festzuklammern. Wenn der Schritt träge und lustlos ist, kann man mit den Schenkeln kurz und leicht drücken, damit das Pferd lebhafter wird. Reagiert es darauf nicht, so ist es hilfreich, einen Schenkel etwas energischer einzusetzen oder das Pferd leicht mit der Gerte anzutippen. Diese Hilfe setzt man nur signalartig ein und beendet sie sofort wieder, um zu überprüfen, ob das Pferd jetzt aktiver vorwärts geht. Auf keinen Fall darf man mit beiden Schenkeln kräftig »zudrücken«. Das Schließen beider Schenkel um den Pferdeleib ist nämlich die Hilfe zum Halten.

Vom Schritt zum Trab

Der Trab ist eine lebhaftere Gangart als der Schritt; auf jede Fußfolge entfallen zwei Takte mit einer Schwebephase dazwischen. Im Trab sitzt man leicht ein und läßt es zu, daß man durch die Bewegung des Pferdes aufwärts gestoßen wird. Wenn man zu schwer einsitzt, ist man für das Pferd eine größere Belastung, wodurch der Trab die federnde Aktion verlieren kann, oder das Pferd fällt sogar in den Galopp. Die Schenkel liegen eng, aber ohne Druck am Pferdeleib an.

Die Hilfen zum Aufrechterhalten des Trabs bestehen einfach darin, daß man entspannt und im Gleichgewicht in der Bewegung mitgeht und die Schenkel weich einsetzt, wenn es nötig ist. Man darf also nicht bei jedem Schritt gegen den Pferdeleib trommeln – dadurch stumpft das Pferd nur ab! Außerdem muß man daran denken, den Hinterfuß häufig zu wechseln, damit das Pferd nicht einseitig belastet wird (siehe Seite 32).

Zum Antraben aus dem Schritt bereitet man das Pferd mit einer halben Parade vor, damit es weiß, daß gleich etwas geschehen soll. Man sitzt leicht, aber ruhig im Sattel und fordert das Pferd zum Antraben auf, indem man schnellere und kräftigere Schenkelhilfen gibt als für den Schritt. Am besten gibt man zwei oder drei kurze Hilfen in dem Takt, den man später im Trab haben möchte. Sobald man den ersten Trabtritt spürt, überprüft man, ob man auch wirklich locker und im Gleichgewicht sitzt. Wenn man zu schwer einsitzt, kann es sein, daß das Pferd den Rücken gegen das Gewicht festhält und in einen flachen Trab oder sogar in den Galopp hineinläuft. Möchte man leichttraben, so ist es meistens besser, zuerst einige Tritte lang auszusitzen, bis Rhythmus des Trabs deutlich ist, und sich erst dann auf dem korrekten Hinterfuß aus dem Sattel zu heben. Das Aussitzen soll dazu dienen, daß das Pferd erst einmal sein Gleichgewicht und seinen Takt finden kann, bevor man anfängt, seinen Körper zu bewegen. Wenn das Pferd allerdings Sattelzwang hat, sehr verspannt beziehungsweise aufgeregt ist oder man das Gefühl hat, daß es buckeln könnte, sollte man sofort mit dem Leichttraben anfangen.

Ein Pferd mit Sattelzwang fühlt sich beim Aufsatteln unbehaglich, sträubt sich gegen das Anziehen des Sattelgurtes und drückt unter dem Gewicht des Reiters häufig den Rücken weg. Das kann an einem Rückenproblem liegen – was man vom Tierarzt überprüfen lassen sollte – oder an einer früheren schlechten Erfahrung. Bei einem solchen Pferd ist es vernünftiger, den Sattel schon ungefähr zwanzig Minuten vor dem Aufsitzen aufzulegen. Darunter legt man eine dicke Satteldecke und achtet darauf, daß diese und der Sattelgurt immer sauber und trocken sind. Den Gurt darf man nur ganz allmählich festziehen. Die Zeit vor dem Aufsitzen kann man mit kleinen Arbeiten rund um das Pferd ausfüllen, so daß man dieses im Auge behält, ohne es dadurch aufzuregen, daß man ständig um es herumfuhrwerkt. Aufsteigen sollte man bei Pferden mit Sattelzwang von einem erhöhten Standpunkt aus, und man muß darauf achten, sich sanft in den Sattel gleiten zu lassen. Dieser Grundsatz gilt übrigens für alle Pferde: *niemals* in den Sattel plumpsen lassen!

Vom Trab zum Schritt

Um den Übergang vom Trab zum Schritt einzuleiten, gibt man zunächst halbe Paraden, bis man sich der Aufmerksamkeit des Pferdes sicher sein kann. Dann *schließt* man die Schenkel direkt hinter dem Gurt, anstatt sie nur entspannt und fühlend anliegen zu lassen, wie man es tun würde, um den Trab zu erhalten. Dabei sitzt man ruhig im Sattel und hält mit den Zügeln etwas gegen. Sobald das Pferd in den Schritt fällt, müssen die Zügel sofort nachgeben. Man entspannt nun die Schenkel in die passive Haltung und reitet das Pferd im Schritt vorwärts.

Vom Trab zum Halten

Die Hilfen für den Übergang vom Trab zum Halten sind ähnlich wie die für den Übergang vom Trab zum Schritt, nur daß die Schenkel so lange fest um den Pferdeleib geschlossen bleiben, bis das Pferd angehalten hat. Auch im Halten bleiben die Schenkel geschlossen, so daß das Pferd weiterhin an den Hilfen bleibt. Die Zügel halten gegen, bis das Pferd zum Stehen gekommen ist, und geben dann sofort nach – gerade so weit, daß das Pferd für das Halten belohnt wird, aber nicht so weit, daß es sich wieder in Bewegung setzt oder denkt, nun könne es eine Pause machen und den Hals strecken.

Vom Halten zum Trab

Wenn man im Halten mit Schenkeln und Zügeln eine leichte Anlehnung bewahrt, bleibt das Pferd an den Hilfen. Man kann nun leicht wieder antraben, indem man mit beiden Schenkeln energisch im Trabtakt treibt, mit den Zügeln passive Anlehnung hält und mit dem eigenen Körper in die Bewegung eingeht.

Vom Trab zum Galopp

Der Übergang vom Trab zum Galopp muß sorgfältig vorbereitet werden, damit das Angaloppieren auf der richtigen Hand erfolgt. Das fällt in einer Ecke leichter als auf einer geraden Linie. Wenn das Pferd wirklich einmal auf der falschen Hand angaloppiert ist, muß man wieder zum

Trab durchparieren und es auf einen erneuten Versuch in der nächsten Ecke vorbereiten.
Vor dem Angaloppieren stellt man sicher, daß das Pferd korrekt an den Hilfen steht und an das Gebiß herantritt. Außerdem muß es genügend Schub für das Anspringen im Galopp haben; wenn es sich bereits im Trab schleppend bewegt, wird es vermutlich nicht genug Schwung für den Galopp haben. Das Pferd sollte leicht nach innen gestellt, aber nicht schief sein.
Wenn man sich der Ecke nähert, gibt man eine halbe Parade, die das Pferd dazu veranlaßt, die Hinterhand weiter unterzusetzen und stärker an die Hand heranzutreten. Beim Erreichen der Ecke spannt man das Kreuz an, verlagert das Gewicht um eine Kleinigkeit mehr auf den inneren Sitzknochen, legt das äußere Bein verwahrend hinter den Gurt und gibt mit dem inneren Schenkel entschlossen Druck am Gurt. Dabei hält man mit dem äußeren Zügel eine stetige Anlehnung aufrecht, während man am inneren Zügel etwas leichter wird.
Jetzt sollte das Pferd im Galopp anspringen. Wenn das nicht der Fall ist, muß man eine halbe Parade geben und die Hilfen so deutlich wie möglich wiederholen. Wenn nötig, kann man das Pferd auch leicht mit der Gerte antippen. Man sollte darauf vorbereitet sein, nochmals halbe Paraden zu geben und die Hilfengebung zu wiederholen, falls das Pferd lediglich im Trab schneller wird, statt anzugaloppieren. Die Gerte sollte man nach Möglichkeit direkt hinter dem inneren Schenkel einsetzen, weil dieser Schenkel den Galopp einleitet.
Um den Galopp beizubehalten, muß der innere Schenkel am Gurt bleiben. Er kann beim ersten Takt jedes Galoppsprungs eingesetzt werden, um mehr Schub herauszureiten.
Das Gesäß soll ruhig im Sattel bleiben und sich den Bewegungen des Pferdes anpassen – bei jedem Sprung nach oben, nach vorne, nach unten. Man sollte das Mitgehen in der Bewegung nicht übertreiben, indem man mit dem Oberkörper vor- und zurückschaukelt, aber man muß wirklich versuchen, dem Schwingen des Rückens zu folgen. Der äußere Schenkel bleibt passiv hinter dem Gurt und verhindert, daß die Hinterhand ausfällt. Ab und zu kann es sein, daß man ihn zusammen mit dem inneren Schenkel einsetzen muß, wenn das Pferd faul ist und wirklich Druck braucht, um vorwärts zu gehen.

Vom Galopp zum Trab

Um vom Galopp in den Trab durchzuparieren, bleibt man ruhig im Sattel sitzen, statt den Bewegungen des Pferdes zu folgen, und schließt die Schenkel direkt hinter dem Gurt um den Pferdeleib. Es kann sein, daß man auch etwas mit der Hand gegenhalten muß, aber nur für einen Augenblick. Zu starker Zügeleinsatz kann nämlich bei allen Übergängen dazu führen, daß die Hals- und Kopfbewegungen des Pferdes eingeschränkt werden. Dadurch kommt es aus dem Gleichgewicht und legt sich auf die Hand.
Sobald man sich im Trab befindet, gibt man die Hilfen zum Weitertraben, wie sie im Abschnitt »Vom Schritt zum Trab« erklärt wurden.
Nach einem kurzen Galopp wird das Pferd oft einen sehr energischen Trab anbieten. Jetzt darf man nicht zulassen, daß es diesen Schwung in ein verstärktes Tempo legt. Man sollte statt dessen versuchen, die Energie zum Herausreiten von mehr Schub zu nutzen und vielleicht verlängerte Tritte oder Mitteltrab zu entwickeln (siehe Seite 33).

Einfache Galoppwechsel über den Trab

Wenn die Übergänge zwischen Galopp und Trab gut sitzen, kann man zu einfachen Galoppwechseln übergehen. So nennt man Handwechsel vom Links- zum Rechtsgalopp und umgekehrt mit ungefähr drei Trabtritten dazwischen. Zweck dieser Übung ist es nicht, auszuprobieren, wie schnell und mit wie wenigen Trabtritten man das Pferd durch diesen Handwechsel »schleudern« kann. Einfache Galoppwechsel sind wirklich ein Prüfstein für Gehorsam, Gleichgewicht und Geraderichtung.

Der Übergang vom Galopp zum Trab muß klar sein. Das Pferd sollte in einer schwungvollen und ausbalancierten Vorwärtsbewegung bleiben, so daß es mehrere freie, gleichmäßige Trabtritte ausführen kann. Der Reiter muß in der Lage sein, das Pferd umzustellen, eine halbe Parade zu geben und die Hilfen für das Angaloppieren auf der anderen Hand einzusetzen – und das alles innerhalb weniger Tritte.

Die Trabtritte sind genauso wichtig wie der Galopp und die Übergänge. Wenn der Trab eilig wird und das Pferd aus dem Gleichgewicht gerät, ist es besser, so lange zu traben, bis es wieder ausbalanciert ist, und erst dann erneut anzugaloppieren. Ein schlechter Trab wird nämlich auch einen schlechten Übergang zum Galopp zur Folge haben.

Diese Übung kann auf einer geraden Linie in der Diagonalen oder beim Wechseln aus dem Zirkel ausgeführt werden.

Vom Schritt zum Galopp

Wenn das Pferd gut ausbalanciert und in der Lage ist, langsam zu galoppieren und bei gleichbleibendem Takt seine Sprünge zu verkürzen, kann man anfangen, an den Übergängen in den Schritt und vom Schritt direkt in den Galopp zu arbeiten. Letztere Übung ist die einfachere, aber auch dazu muß das Pferd sehr aufmerksam an den Hilfen stehen und einen fleißigen Schritt zeigen.

Um das Pferd auf das Angaloppieren aus dem Schritt vorzubereiten, gibt man zunächst mehrere halbe Paraden, um den Fleiß im Schritt zu verbessern. Dann setzt man sich deutlicher auf die Sitzknochen, wobei man das Gewicht leicht nach innen verlagert und dort auch das Kreuz einseitig anspannt. Nun übt man mit dem inneren Schenkel am Gurt Druck aus und läßt das äußere Bein hinter den Gurt zurückgleiten, um zu verhindern, daß das Pferd nach außen ausweicht.

Der Unterschied in der Hilfengebung für Trab und für Galopp aus dem Schritt sollte inzwischen deutlich geworden sein. Für den Trab sitzt man leicht und nachgiebig ein, die Schenkel liegen weich, aber energisch an und werden gleichzeitig eingesetzt. Für den Galopp sitzt man kräftiger ein, und die Schenkel werden unabhängig voneinander bewegt. Die Schenkelhilfe zum Angaloppieren ist langsamer und nachdrücklicher; sie wird nur vom inneren Schenkel gegeben, während der äußere Schenkel unterstützend wirkt.

Vom Galopp zum Schritt

Um einen Übergang aus dem Galopp zum Schritt vorzubereiten, muß man in der Lage sein, eine gewisse Versammlung herauszureiten und zu erhalten. Es ist zwar durchaus möglich, diesen Übergang in eine langsamere Gangart dadurch zu bewerkstelligen, daß man sein ganzes Gewicht nach hinten wirft und dabei an den Zügeln

zieht – aber dadurch verdirbt man das Pferd, und korrekt ist ein solches Vorgehen natürlich auch nicht. Diese Methode sollte man nur in wirklichen Gefahrensituationen als »Notbremse« anwenden.
Bei der korrekten Ausführung versammelt man das Pferd im Galopp durch mehrere halbe Paraden, so daß es allmählich mit der Hinterhand mehr Last aufnimmt und die Hinterbeine tätig weiter unter den Körper schiebt. Man muß in der Lage sein, das Galopptempo innerhalb weniger Sprünge fast bis zur Schrittgeschwindigkeit zurückzunehmen und dann wieder vorwärts zu galoppieren.
Diese Verkürzung der Sprünge und die Versammlung darf man nicht über längere Zeit hinweg fordern, denn das ist Schwerstarbeit für das Pferd. Wenn seine Muskeln zu schmerzen anfangen, wird es vermutlich nach einem Weg suchen, um sich den Anforderungen des Reiters zu entziehen. Das gleiche trifft auch auf alle anderen Lektionen zu, die neu oder schwierig sind: Man muß sich mit kurzen Reprisen begnügen, in denen man gute Fortschritte erzielt, und dann wieder zu leichteren Aufgaben zurückgehen. Auch ein williges Pferd wird schnell sauer und unwillig, wenn man seine Anstrengungen nicht mit Lob und einer kurzen Pause belohnt.
Wenn man in der Lage ist, den Galopp einige Sprünge lang zu verkürzen, ist es vergleichsweise einfach, in den Schritt durchzuparieren. Man setzt sich tief in den Sattel, macht die Unterschenkel zu und hält einen Augenblick lang mit den Zügeln gegen.
Danach muß man das Pferd immer in einen fleißigen Schritt hineintreiben. Auf keinen Fall darf man nach dem Übergang in sich zusammenfallen und das Pferd einfach anhalten lassen.

Einfache Galoppwechsel über den Schritt

Ein einfacher Galoppwechsel über den Schritt ist die nächste Übung, die man zur Meisterung der Übergänge durchführen kann. Sie ähnelt dem Galoppwechsel über den Trab. Das Pferd sollte nun ungefähr drei Schritte im fleißigen, taktreinen Schritt zeigen, bevor es wieder angaloppiert.
Der Schritt ist sehr wichtig. Wenn das Pferd anfängt, den Galopp vorauszuahnen, muß man es unbedingt im Schritt halten. Notfalls kann man eine Volte reiten – dann wird man es bald wieder unter Kontrolle haben. Erst wenn sich das Pferd im Schritt ruhig und taktrein bewegt, darf man wieder angaloppieren.

Außengalopp

Für den Außengalopp, also den Galopp auf der äußeren Hand, gibt es keine speziellen Übergänge. Man muß allerdings wissen, wie man den Galopp auf der ursprünglichen Hand beibehält, wenn man vom Innen- zum Außengalopp übergehen will. Ein korrekter Sitz hilft dem Pferd, im Gleichgewicht und auf der richtigen Hand zu bleiben.
Nehmen wir einmal an, Reiter und Pferd befinden sich im Linksgalopp auf der rechten Hand. Anfangs legt man etwas mehr Gewicht auf den linken Sitzknochen, so daß man oberhalb des Vorderbeines sitzt, das weiter vorgreift. Der linke Schenkel bleibt vorne am Gurt, um den Schwung aufrechtzuerhalten – dieser Schenkel darf sich weder verspannen noch nach hinten rutschen, denn damit könnte ein fliegender Wechsel eingeleitet werden. Der rechte Schenkel soll etwas hinter dem Gurt bleiben, darf aber nicht allzu stark angelegt

werden, weil sonst die Hinterhand nach links ausfällt.
Eine leichte Biegung nach links muß beibehalten werden, während der Körper etwas in die Richtung gedreht ist, in die das Pferd sich bewegt - also mehr nach rechts als beim Innengalopp. Schultern und Hüften des Reiters liegen parallel zu den Schultern und Hüften des Pferdes. Wenn der Außengalopp auf einem Bogen nach rechts geritten wird, liegt die rechte Reiterschulter etwas weiter hinten als die linke. Das gilt auch für die Hüfte. Man darf den Körper aber nicht verdrehen oder steif machen.

HALTEN

Halten - das klingt so einfach, aber es erfordert Konzentration und gute Einwirkung, diese Übung richtig zu reiten. Der Unterschied zwischen Halten und einfachem Stehenbleiben liegt darin, daß das Pferd im Halten aufmerksam und so ausbalanciert bleiben muß, daß es bereit ist, auf Verlangen des Reiters in jeder Gangart wieder anzutreten. Stehenbleiben bedeutet im Gegensatz dazu einfach nur, daß es ruhig dasteht. Dieses ruhige Dastehen ohne Herumzappeln sollte das Pferd in den allerersten Phasen seiner Ausbildung lernen.
Man sollte nicht zu früh versuchen, das Pferd zum gleichmäßigen Stehen auf allen vier Beinen zu bringen. Es ist sinnvoll, damit zu warten, bis das Pferd beim Übergang zum Halten nicht mehr aus dem Gleichgewicht kommt. Die Schenkel sind im Halten um den Pferdeleib geschlossen, so daß das Pferd stetig am Gebiß bleibt, und eine leichte Zügelanlehnung bleibt ebenfalls erhalten. Wenn das Pferd ein Halten gut ausgeführt hat, sollte man es immer loben.

RÜCKWÄRTSRICHTEN

Rückwärtsrichten ist eine Schrittbewegung nach hinten im Zweitakt. Das Pferd bewegt wie im Trab die diagonalen Beinpaare, aber ohne Schwebephase. Es soll die Füße gut heben und sie nicht über den Boden ziehen. Rückwärtsrichten stellt ziemlich hohe Anforderungen an die Rückenmuskulatur des Pferdes und sollte deswegen nicht zu oft wiederholt werden. Nach dem Rückwärtsrichten sollte das Pferd immer sofort wieder vorwärts geritten werden - man sollte nie an ein Rückwärtsrichten ein Halten anschließen.

Wenn das Pferd im Stall schon den Umgang mit Menschen kennengelernt hat, hat man ihm wahrscheinlich bereits beigebracht, rückwärts zu gehen. Es sollte also damit vertraut sein, daß jemand vor ihm steht, ihm leicht mit der Faust gegen die Brust klopft und dazu »Zurück!« sagt, bis es darauf reagiert. Danach wird es gelobt. Wenn man einen Helfer hat, ist es meist sehr einfach, dem Pferd die Reiterhilfen dadurch verständlich zu machen, daß die Person am Boden gleichzeitig die Hilfen gibt, die das Pferd schon kennt. Je besser das Pferd die Reiterhilfen allmählich versteht, um so weniger muß der Helfer eingreifen - bis seine Unterstützung schließlich gar nicht mehr nötig ist.
Bevor man ein Rückwärtsrichten verlangt, muß das Pferd das Halten gut und im Gleichgewicht ausführen. Um das Rückwärtsrichten einzuleiten, bringt man den Oberkörper anfangs gerade weit genug nach vorne, daß man eine Spur leichter einsitzt. Wenn man auf diese Art den Pferderücken etwas vom Reitergewicht entlastet, ist es für ein noch lernendes Pferd einfacher, sich rückwärts zu bewegen. Kennt es den Bewegungsablauf erst

Bei diesem gut ausgeführten Halten kann man von hinten genau sehen, wie gerade Pferd und Reiterin sind.

Rechts, oben:
Gut ausgeführtes Halten. Das Pferd zeigt eine gute Aufrichtung, die Hinterhand ist weit unter den Körper gesetzt. Es steht ruhig und unbeweglich und belastet die Beine so gleichmäßig, daß man von der Seite nur zwei Beine sehen kann.

Unten:
So sollte das Halten nicht aussehen: Das Pferd scheint unruhig zu sein – es steht weder gleichmäßig auf allen vier Beinen noch im Gleichgewicht, und es ist über dem Zügel.

Ein gutes Halten ist durch ein ruhig stehendes Pferd gekennzeichnet; hier hat die Reiterin es durch Nachgeben mit den Zügeln belohnt.

einmal, so ist diese Haltung des Reiters nicht mehr nötig. Die Schenkel bleiben passiv, liegen aber so eng am Pferdeleib an, daß sie das Pferd wieder geraderichten können, falls es sich schief bewegen sollte. Die Zügel verhindern eine Vorwärtsbewegung und werden einen Augenblick lang verstärkt angenommen. Sobald man spürt, daß das Pferd sich auch nur ein winziges Stückchen zurück bewegt, wird es sofort belohnt, indem die Hand nachgibt. Einen Augenblick später nimmt man die Zügel wieder an und verlangt so einen weiteren Schritt rückwärts.

Geht das Pferd zurück, so müssen die Zügel immer sofort nachgeben und erst für den

Rückwärtsrichten

nächsten Schritt wieder verstärkt angenommen werden.

Zu Anfang sollte man sich mit ein oder zwei Rückwärtstritten begnügen und danach wieder vorwärts reiten und das Pferd loben. Wenn das problemlos funktioniert, kann man drei oder vier Tritte verlangen. Für Dressurprüfungen bis Klasse M ist diese Trittzahl, die einer Pferdelänge entspricht, ausreichend. Ab Klasse S werden fünf Tritte gefordert, aber bis dahin fällt dies den Pferden nicht mehr schwer, weil sie mehr Kraft im Rücken entwickelt haben.

7

Die Entwicklung von Takt, Gleichgewicht und Schwung

Wenn ein Pferd bei der gesamten Dressurarbeit gut im Gleichgewicht bleibt und diese Balance und Selbsthaltung auch in Ecken, während Übergängen und bei den verschiedenen Lektionen aufrechterhalten kann, dann wird es in Dressurprüfungen gut abschneiden, und man wird es bis zu den höheren Klassen fördern können. Bei einem ausbalancierten Pferd sind, auf einen einfachen Nenner gebracht, Geschwindigkeit und Schwung aufeinander abgestimmt, wobei ich unter Schwung kontrollierte Energie verstehe. Dies erreicht man durch den wirkungsvollen Einsatz von halben Paraden.

Man muß im Hinterkopf behalten, daß sich der Schwerpunkt des Pferdes durch den Reiter auf dem Pferderücken weiter nach vorne verlagert, so daß es leicht »auf die Vorhand kommen« und in seinem Gleichgewicht gestört werden kann.

In diesem Kapitel wollen wir beleuchten, wie man das Pferd durch halbe Paraden wieder ins Gleichgewicht bringt, so daß sein Schwerpunkt weiter nach hinten kommt, seine Hinterbeine mehr Last aufzunehmen beginnen und es schließlich in der Lage ist, sich selbst *und den Reiter* zu tragen.

TAKT UND GLEICHGEWICHT

Takt und Gleichgewicht gehen mehr oder weniger Hand in Hand. Ein Pferd wird sich nicht im Gleichgewicht bewegen können, wenn es nicht in jeder Gangart einen gleichmäßigen Takt aufrechterhalten kann; ebenso wird dieser Takt verlorengehen, wenn es aus dem Gleichgewicht gerät.

Um in jeder Gangart zu einem gleichmäßigen Takt zu kommen, hilft es oft, bei jedem Tritt laut mitzuzählen. Im Trab sollte es eine kleine Pause für die Schwebephase geben: 1.2.1.2.1.2. Auch das Tempo, die Geschwindigkeit innerhalb des Taktes, ist wichtig. Wenn der Trab zu eilig ist, so daß keine Schwebephase zustande kommt, würde man hören: 121212. Im Galopp sollte man 123.123.123. hören, und auch hier gibt es bei jedem Sprung eine kurze

Oben: Galopp im Gleichgewicht. Das Pferd scheint »bergauf« zu galoppieren.

Unten: Ein schlecht ausbalancierter Trab. Das Pferd geht auf der Vorhand und öffnet abwehrend das Maul.

Schwebephase: Bei zu eiligem Tempo wird man lediglich 123123123 hören. Weil es im Schritt keine Schwebephase gibt, hört man hier 123412341234, aber wenn der Schritt sehr eilig ist, kann eine fehlerhafte Gangart im Zweitakt herauskommen. Kann man in irgendeiner Gangart den Takt jedes Schrittes, Trittes oder Sprunges nicht klar spüren, so sollte man langsamer werden und sich selbst mehr Zeit geben, der Bewegung des Pferdes nachzuspüren.

Die beste Geschwindigkeit ist die, in der man einen klaren Takt entwickeln kann. Das Pferd sollte also zu einem Tempo finden, in dem es sich tätig und frei vorwärts bewegt und einen klaren Takt zeigt, ohne eilig zu werden. Das Tempo ist zu hoch, wenn sich das Pferd ungleichmäßig bewegt und in den Ecken zum Schnellerwerden neigt, und es ist zu niedrig, wenn sich das Tier mühsam durch die Ecken schleppt und beispielsweise aus dem Trab fast in den Schritt fällt.

Ist man erst einmal in der Lage, die Bewegung des Pferdes in allen Gangarten zu spüren, so fängt man auch an zu erkennen, wann ein Bewegungsablauf gleichmäßig und taktrein ist. Um im Trab einen klaren Takt beizubehalten, müssen alle Tritte genau die gleiche Länge haben. Die Beine müssen gleich hoch vom Boden abfedern und gleich lang brauchen, bevor sie wieder auf dem Boden aufkommen.

Manche Pferde bewegen sich von Natur aus taktrein und behalten ihren Takt auch bei, wenn sie geritten werden. Für ein Dressurpferd ist das ein großer Vorteil – vorausgesetzt, es ist in seinen Tritten so flexibel, daß es sie auch verlängern und verkürzen kann.

Manche Pferde zeigen an der Longe oder beim Freilaufen einen taktreinen Gang, verlieren diesen aber unter dem Sattel. Sie müssen ihren Takt erst wieder aufbauen, weil sie unter dem Reiter zunächst einmal ihr Gleichgewicht finden müssen.

Bei anderen Pferden scheint es so, als könnten sie kaum oder gar nicht taktrein gehen. Das liegt oft daran, daß sie im falschen Tempo geritten und dadurch aus dem Gleichgewicht gebracht werden. Bei einem solchen Pferd ist es wahrscheinlich möglich, schließlich doch noch Takt zu entwickeln – vorausgesetzt, der Reiter hat ein Gefühl dafür und ist geduldig genug, um den Bewegungsrhythmus immer wieder zu korrigieren.

Wie ein Uhrwerk

Wenn es einem schwerfällt, zu beurteilen, wann der Takt gleichmäßig ist, kann es hilfreich sein, ein Metronom zu benutzen. Diese Art Uhrwerk »tickt« im Takt der jeweiligen Geschwindigkeit, auf die man es einstellt. Es wird von Musikern benutzt, damit sie besser im Takt bleiben können. Beim Reiten hilft es, auch in Ecken, bei Wendungen und auf Zirkeln den gleichen Takt und das gleiche Tempo beizubehalten wie auf geraden Linien. Man wird einen Helfer brauchen, der einem das Metronom für jede Gangart auf die richtige Geschwindigkeit einstellt. Am besten eignet sich ein Quartz-Metronom, weil man es in der Tasche verstauen kann und es auch dann noch funktioniert, wenn es kopfüber darin herumgeschaukelt wird.

SCHWUNG

Die Fähigkeit, Geschwindigkeit, Takt und Tempo regulieren zu können, hat zwar

Der Schwerpunkt liegt zu weit vorne – dieses Pferd befindet sich nicht im Gleichgewicht. Es wird keinen Schwung entwickeln können, solange es so auf der Vorhand geht.

Hier ist der Schwerpunkt weiter nach hinten verlagert. Dieses Pferd ist gut ausbalanciert und scheint sich »bergauf« zu bewegen.

höchste Priorität, aber sie ist nicht der einzige Faktor, der dazu beiträgt, das Pferd im Gleichgewicht zu halten. Auch der Schwung, den man als kontrollierte Energie beschreiben könnte, spielt eine große Rolle. Er ist ein wichtiger Bestandteil der Bewegungsmanier des Pferdes und gibt dessen Gängen Leichtigkeit und Spannkraft. Um Schwung zu entwickeln, muß man die Energie und den Vorwärtsdrang, die das Pferd anbietet, regulieren und in die richtigen Bahnen leiten. Wenn das Pferd einen Mangel an Energie und Vorwärtsdrang zeigt, muß man diese beiden Antriebskräfte zunächst erzeugen, indem man den Schenkelgehorsam verbessert und das Pferd allgemein »aufweckt«. Erlaubt man dem Pferd, seine Energie und seine Kraft gegen den Reiter einzusetzen, so kann es völlig unkontrollierbar werden. Wenn man ihm dagegen bereits in jungen Jahren Gehorsam beibringt, kann man diese Energie in Form von Schwung kanalisieren.

Schwung beginnt mit der Fähigkeit, mehr Last auf die Hinterhand zu verlagern. Dadurch kommt der Schwerpunkt zum Vorteil des Reiters weiter nach hinten.

Das Pferd muß drei Gelenke in den Hinterbeinen – das Hüft-, das Knie- und das Sprunggelenk – gleichmäßig stark beugen. Die Hinterbeine müssen aktiver werden, um weiter unter den Körper zu treten und einen größeren Anteil des Gewichts aufnehmen zu können.

Der Rücken muß mitschwingen, so daß die Energie, die von den Hinterbeinen erzeugt wird, durch den ganzen Körper nach vorne fließen kann. Dadurch bekommt die gesamte Bewegung den Ausdruck von federnder Leichtigkeit und Elastizität.

Wenn sich das Pferd mit genügend Schwung im Gleichgewicht befindet, scheint es sich vom Widerrist an aufwärts und vorwärts zu bewegen, wobei die Schultern frei werden und es die Karpalgelenke stärker beugt. Der Hals wird aufgerichtet und gewölbt getragen, wobei das Genick den höchsten Punkt bildet. Der Nasenrücken steht leicht vor der Senkrechten, die Kiefer sind entspannt und akzeptieren die Anlehnung.

Um Schwung entwickeln zu können, muß man in der Lage sein, Geschwindigkeit und Tempo zu regulieren. Man zum Treiben kommen, ohne daß das Pferd wegläuft. Außerdem muß das Pferd vorwärts gehen *wollen* und an den Hilfen und am Zügel stehen (siehe Kapitel 5). Das Reiten von Übergängen und halbe Paraden (siehe Kapitel 6) sind ausgezeichnete Methoden, um Schwung aufzubauen, ohne die Einwirkungsmöglichkeit auf das Pferd zu verlieren.

HALBE PARADEN ZUR WIEDERHERSTELLUNG DES GLEICHGEWICHTS

Zu Beginn seiner Ausbildung hat das Pferd gelernt, sich von der Schenkelhilfe vorwärts treiben zu lassen. Nun muß es lernen, daß der Schenkel nicht immer eine Beschleunigung fordert, sondern auch bedeuten kann: »Bleib in dieser Geschwindigkeit, aber mit mehr Energie!« An dieser Stelle wird die halbe Parade sehr wichtig. In Kapitel 6 wurde die Bedeutung der halben Parade für die Übergänge erklärt; nun werden Sie lernen, wie man die halbe Parade einsetzt, um das Gleichgewicht zu verbessern und Schwung zu entwickeln.

Sie erinnern sich sicher, daß eine halbe Parade ein kurzes Verhalten ist, bei dem man das Pferd gleich wieder vorwärts gehen läßt. Sie ist deswegen eine nützliche Möglichkeit, das Pferd aufmerksam zu machen und sicherzustellen, daß es gehorsam ist. Daneben ermöglicht sie es dem Reiter aber auch, die Geschwindigkeit zu verringern und wieder Schwung zu erzeugen.

Bei der halben Parade erlaubt die kurzzeitige Verringerung der Geschwindigkeit dem Pferd, die Hinterbeine weiter unter den Körper zu nehmen. Wenn der Reiter in der Lage ist, dieses verstärkte Untersetzen der Hinterhand sofort dazu zu nutzen, daß das Pferd die Hinterbeine stärker einsetzt, können diese einen größeren Anteil des Gewichts aufnehmen – und das wiederum verbessert das Gleichgewicht.

Die Wirkung einer halben Parade hängt vom Gehorsam des Pferdes und von seiner Durchlässigkeit für die Reiterhilfen ab. Wenn das Pferd jedesmal Tempo zulegt, sobald es den Reiterschenkel spürt, wird man einige Zeit mit geduldigen Korrekturen und wiederholten halben Paraden verbringen müssen, bis es verstanden hat.

Selbst bei einem weiter ausgebildeten Pferd gibt es Augenblicke, in denen es das Gelernte vergißt und vor dem Schenkel davonläuft. Dann muß man es mit Ruhe wieder langsamer machen und den Schenkel nur ganz vorsichtig anlegen. Wird es nun erneut schneller, so ist das kein Grund zur Besorgnis; man wiederholt das Ganze einfach wieder und wieder, bis das Pferd besser reagiert. Wenn man die Geduld bewahrt, wenn die Hilfen deutlich sind und wenn man bei jeder Verbesserung sofort lobt, wird das Pferd schnell lernen.

Im Galopp auf der Vorhand: Dieses junge Pferd hat beim Herausgaloppieren aus der Ecke das Gleichgewicht verloren.

Hat ein Reiter Schwierigkeiten mit den halben Paraden, so liegt der Grund oft darin, daß Sitz und Gleichgewicht noch nicht wirklich korrekt und stabil sind. Dadurch ist die Hilfengebung nicht so eindeutig, daß das Pferd in der gewünschten Weise darauf reagieren könnte. Das Ergebnis: Pferd und Reiter bleiben verwirrt zurück. Ich betone noch einmal, wie unverzichtbar und wichtig es ist, einen einwandfreien und wirkungsvollen Sitz zu erlernen, der es dem Reiter ermöglicht, jederzeit im Gleichgewicht zu bleiben und klare, eindeutige Hilfen zu geben.

Sobald man dem Pferd die halbe Parade verständlich gemacht hat, wird man die Vorzüge zu spüren bekommen. Es zahlt sich aus, in dieses Stadium so viel Zeit zu investieren, daß das Pferd die halbe Parade wirklich begreift. Man verbessert damit das Gleichgewicht des Pferdes und seine Bewegungsmanier, und es läßt sich einfach besser reiten. Später kann man die halbe Parade nicht nur einsetzen, um das Gleichgewicht des Pferdes zu verbessern, sondern auch, um die Geschwindigkeit zu verringern und mehr Schwung herauszureiten. Außerdem dienen halbe Paraden dazu, das Pferd aufmerksamer zu machen und es so auf die nächste Übung vorzubereiten.

Ein Spitzenreiter erzählte mir einmal, daß er auf dem Weg zu einer sehr wichtigen Prüfung die Zeit nicht damit verbracht hat, im Geiste die einzelnen Lektionen der Prüfung noch einmal durchzugehen, wie man es wohl annehmen könnte. Nein, er ist in Gedanken die Stellen durchgegangen, an denen er seine halben Paraden geben würde.

Die halbe Parade ist eine wichtige Methode, das Gleichgewicht des Pferdes so zu verändern, daß es nicht »auf der Vorhand« geht. Läuft es auf der Vorhand, so bedeutet das, daß es nicht im Gleichgewicht ist. Sein Schwerpunkt ist zu weit nach vorne verlagert. Dadurch wird die Bewegungsfreiheit der Schultern eingeschränkt, und das Pferd kann die Hinterbeine nicht so wirkungsvoll einsetzen. Ein solches Pferd ist unbequem zu reiten und legt sich oft auf die Reiterhand, um seinen Kopf abzustützen. Jede Bewegung wird so erschwert. Oft gerät das Pferd auf die Vorhand, weil die Geschwindigkeit für den zur Verfügung stehenden Schwung zu groß ist. Gerade hier ist die halbe Parade sehr nützlich: Sie verringert die Geschwindigkeit und verstärkt den Schwung.

Eine einzelne Korrektur wird nicht ausreichen, um sicherzustellen, daß das Pferd nie wieder auf die Vorhand gerät. Man wird es ständig ermuntern müssen, mit den Hinterbeinen mehr Last aufzunehmen und seine Vorhand leichter zu machen. Es ist sehr wichtig, ein Gefühl dafür zu entwickeln, wann das Pferd anfängt, auf die Vorhand zu kommen. Nur dann ist man in der Lage, diese Haltung sofort zu korrigieren. Je länger man den Fehler duldet, um so schwieriger ist er zu korrigieren.

Das Exterieur eines Pferdes kann dazu beitragen, es auf die Vorhand zu bringen. Das kann zum Beispiel der Fall sein, wenn die Kruppe höher liegt als der höchste Punkt des Widerristes oder wenn die Schulter sehr kräftig und gleichzeitig die Hinterhand recht leicht ist. In einem solchen Fall ist es noch wichtiger, daß der Reiter das

Dieses Pferd ist beim Verlängern der Tritte nicht gerade: Das linke Hinterbein folgt zwar der Spur des linken Vorderbeins, aber das rechte Hinterbein bewegt sich rechts außerhalb der Spur des rechten Vorderbeines.

Pferd mit wirkungsvollen halben Paraden beim Erreichen seines Gleichgewichtes unterstützt.
Wenn das Pferd vorübergehend auf die Vorhand gerät, kann das so aussehen, als würde es sich bergab bewegen. Versteift es im Galopp den Rücken, weil es sich vermehrt auf der Vorhand bewegt, so kann die Kruppe höher zu liegen kommen als der Widerrist. Dies ist dann das Gegenteil des erwünschten »Bergauf-Galopps«. Einem solchen Galopp liegt meist kein Exterieurfehler zugrunde, sondern eher ein vorübergehendes Ausbildungsproblem.
Hat ein Pferd die Neigung, auf der Vorhand zu gehen, so wird dies meistens bei anspruchsvolleren Lektionen noch deutlicher. So wird zum Beispiel ein Pferd, das die Hinterhand nicht genügend einsetzt, bei verlängerten Tritten im Trab schief. Das bedeutet, daß es mit den Hinterbeinen nicht gut untertritt und diese Tatsache auszugleichen versucht, indem es mit den Hinterbeinen seitlich nach außen tritt. Die Hinterbeine sind also tätig, aber das Pferd versteift sich im Rücken. Das kann auch dann passieren, wenn der Reiter eine größere Trittverlängerung fordert, als das Pferd sie leisten kann, oder wenn der Reiter sehr schwer einsitzt.

KADENZ UND SELBSTHALTUNG

Wenn sich das Pferd taktrein, schwungvoll und im Gleichgewicht bewegt, ist es in der Lage, Kadenz zu entwickeln. Das bedeutet, daß sein gesamter Bewegungsablauf Elastizität und Durchlässigkeit, aber auch Kraft und Schwung sicht- und spürbar werden läßt. Kadenz entwickelt sich nicht als Einzelaspekt. Sie ist das Ergebnis von äußerster Taktreinheit, enormem Schub und der Fähigkeit, in allen Lektionen im Gleichgewicht zu bleiben.
Irgendwann wird tatsächlich der Zeitpunkt kommen, an dem das Pferd bei jeder Bewegung und mit nur winzigen, in Abständen gegebenen halben Paraden im Gleichgewicht bleibt; das bezeichnet man dann als Selbsthaltung. Das Maß der Selbsthaltung entspricht dem Ausbildungsstand des Pferdes. Als Faustregel kann aber gelten, daß man dem Pferd keine neuen Lektionen beibringen sollte, bevor es nicht alle Übungen, die man derzeit trainiert, in Selbsthaltung ausführen kann.

8

Geraderichten und Losgelassenheit

Die verschiedenen Faktoren aus Kapitel 7, die zum Gleichgewicht und zur Selbsthaltung beitragen, wären ohne die Behandlung des Geraderichtens und der Losgelassenheit nicht vollständig. Diese beiden Aspekte sind so wichtig, daß ihnen ein eigenes Kapitel gewidmet ist.

DAS GERADERICHTEN

Bevor man Zirkel und Bahnfiguren reiten kann, muß man in der Lage sein, das Pferd wirklich geradezurichten. Auf einer geraden Linie muß auch die Längsachse des Pferdekörpers absolut gerade sein. Die Hinterbeine folgen den Vorderbeinen, was bedeutet, daß die Hinterhufe in dieselbe Spur treten sollen wie die Vorderhufe. Ein geradegerichtetes Pferd ist leichter zu lenken und deswegen insgesamt besser zu kontrollieren. Es kann die Muskeln beider Körperseiten gleichmäßig entwickeln und wird es deswegen leichter haben, sich auszubalancieren. Ein geradegerichtetes Pferd wird auch Losgelassenheit entwickeln können.

Geradegerichtet: Die Hinterhufe befinden sich in derselben Spur wie die Vorderhufe.

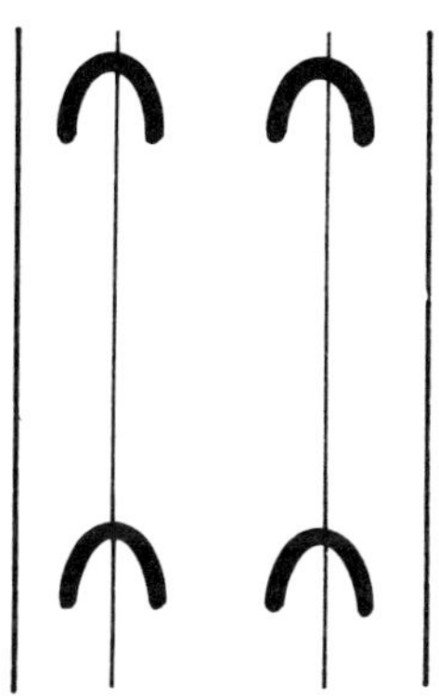

Schief: Die Hinterhufe treten neben die Spuren der Vorderhufe.

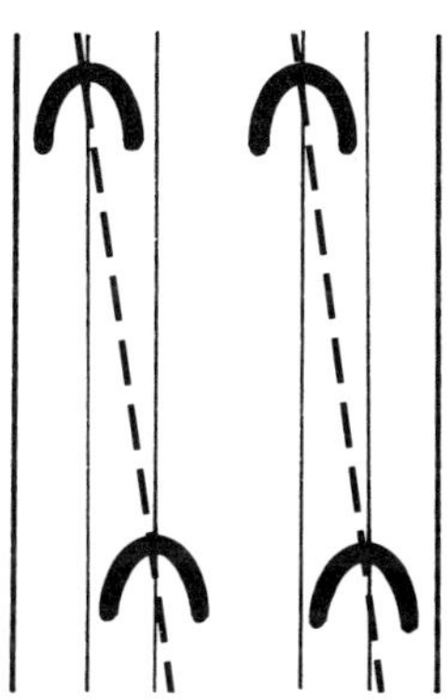

Dieses Pferd bewegt sich schief: Die Hinterhand weist nach links, die Vorhand nach rechts.

Das Gegenteil des Geraderichtens ist Schiefe. Wenn das Pferd schief ist, folgen die Hinterhufe nicht der Spur der Vorderhufe: Sie schwingen entweder rechts oder links am entsprechenden Vorderbein vorbei.

Nachlässiges Reiten

Die üblichen Gründe für eine derartige Schiefe liegen in einem zu starken Einsatz eines Zügels beziehungsweise eines Schenkels oder in einer schlechten Haltung des Reiters. Ein schiefer Reiter macht auch sein Pferd schief. Der Grad der Schiefe hängt von der Empfindsamkeit des Pferdes und von den Größenverhältnissen von Pferd und Reiter ab. Ein kleiner Reiter auf einem großen, kräftigen Pferd wird weniger Schaden anrichten als ein großer Reiter auf einem schmalen, leichten Vollblüter.

Wenn man nicht gleichmäßig in der Mitte des Sattels auf beiden Sitzknochen sitzen, den Oberkörper aufrecht halten und beide Schenkel an der gleichen Stelle anlegen kann, dann muß man zunächst den eigenen Sitz korrigieren und lernen, im Gleichgewicht auf dem Pferd zu sitzen. Erst wenn Sitz und Balance wirklich stimmen, darf man versuchen, die Schiefe des Pferdes zu korrigieren.

Wenn zuviel Biegung verlangt wird, kann auch das zu Schiefe führen. Eine gewisse Biegung kann erzielt werden, ohne daß deswegen die Geraderichtung verlorengeht. Darin liegt kein Widerspruch, denn Geraderichtung bedeutet nicht, daß man vom Kopf zum Schweif eine gerade Linie ziehen können muß, sondern sie liegt dann vor, wenn die Hinterhufe in die Spur der Vorderhufe treten. Ein Pferd kann sich nicht in der Wirbelsäule biegen. Es kann aber so aussehen, als ginge eine gleichmäßige Biegung durch den ganzen Körper, denn im Gegensatz zu den Wirbelkörpern sind die unterstützenden Muskeln und Gewebe beweglich.

Im Hals kann sich das Pferd am besten biegen, und hier liegt normalerweise auch der Grund für eine Schiefe. Wenn der Hals zuviel Stellung nach einer Seite hat, was bei einigen Pferden sehr schnell passieren kann, dann bekommt die gegenüberliegende Schulter allmählich mehr Abstand von der gebogenen Linie: Die Schulter »fällt aus«. Die Vorderbeine folgen den Schultern, und schon sind die Hinterbeine nicht mehr in der Spur. Diese falsche Biegung tritt häufig auf, wenn ein unerfahrener Reiter das Biegen eines Pferdes lernt, ohne zu wissen, wie stark die Biegung denn sein sollte.

Ich bestehe immer darauf, daß das Pferd gerade geritten werden muß, bevor man Biegung von ihm verlangen kann, und daß der Reiter Geraderichtung erkennen kann und weiß, wie sie zu erzielen ist. Dann ist es viel einfacher, eine Schiefe zu korrigieren, die aufgrund von zu starker Stellung auftritt: Man muß einfach nur den Hals

Heute schief und morgen schief

Auch wenn man gerade sitzt, muß man das Pferd zusätzlich noch gerade *reiten*. Hält man mit einem Zügel mehr Anlehnung als mit dem anderen (was leicht passieren kann, ohne daß man sich dessen bewußt wird), so wird die Muskulatur des Pferdes auf der betreffenden Seite stärker. Als Folge davon kann das Pferd auch anfangen, sich schief zu bewegen.

gerade stellen und auf die Biegung verzichten.
Die Biegung des Pferdekörpers sollte der gebogenen Linie entsprechen, auf der sich das Pferd befindet. Auf einer geraden Linie sollte es überhaupt nicht gebogen sein, während es auf dem Zirkel genau der Krümmung der Zirkellinie folgen sollte.

Schiefe beim Pferd

Manche Pferde sind auch ohne Reiter schief. Das kann man sehen, wenn man sie an der Hand vortraben läßt. Der Grund für die Schiefe kann in fehlerhaftem Reiten liegen, aber auch in einer Schwäche irgendwo im Körper. Wenn das Pferd immer auf die gleiche Art schief geht, kann es sein, daß mit seinem Rücken etwas nicht stimmt, was auch zu ungleichmäßiger Muskelentwicklung führen kann.
Wenn man besorgt ist, weil das Pferd immer einen schiefen oder einseitig steifen Eindruck macht, sollte man den Tierarzt bitten, den Pferderücken zu untersuchen. Wenn der Rücken in Ordnung ist, kann man das Pferd ohne die ständige Sorge reiten, daß man ihm mit der Arbeit schaden könnte. Liegt ein Problem vor, so kann der Tierarzt es vielleicht selbst lösen, oder er kann jemanden hinzuziehen, der auf Rückenprobleme spezialisiert ist – beispielsweise einen Physiotherapeuten oder einen Orthopäden.
Oft tritt Schiefe bei jungen Pferden auf, die noch nicht im Gleichgewicht sind. In Wendungen und auf dem Zirkel fallen die Schultern nach außen aus, und man kann keine gerade Linie reiten, auf der die Hinterhufe in die Spuren der Vorderhufe treten. Das ist eine vorübergehende Erscheinung, die mit fortschreitender Ausbildung besser wird, wenn das Pferd lernt, vorwärts an das Gebiß heranzutreten.

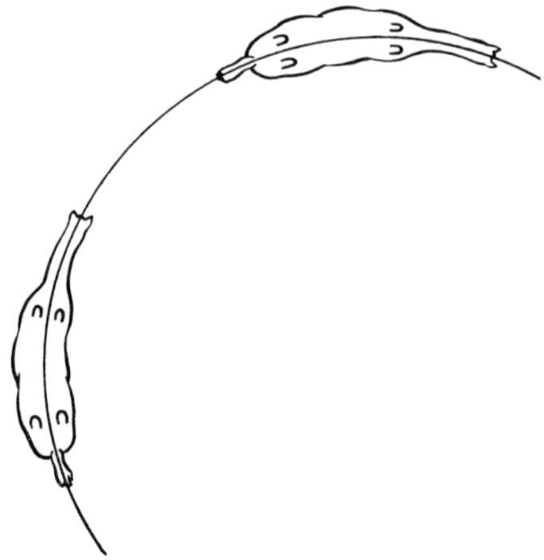

Die Biegung des Pferdkörpers soll der gebogenen Linie entsprechen, auf der sich das Pferd befindet.

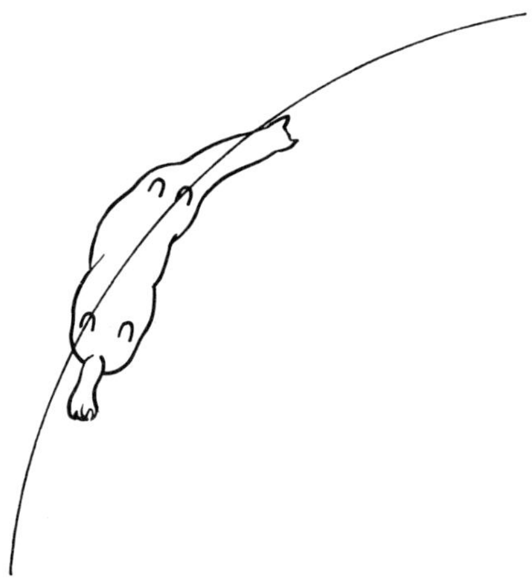

Wenn das Pferd im Hals zu stark gestellt ist, kann die Schulter nach außen ausfallen, und die Hinterhufe folgen nicht mehr der Spur der Vorderhufe.

In einem solchen Fall muß man sorgfältig darauf achten, selbst gerade und im Gleichgewicht zu bleiben, auch wenn beim Pferd genau das Gegenteil vorliegt. Hat man selbst einmal eine schiefe Haltung eingenommen, auch wenn die Ursache in der Schiefe des Pferdes liegt, so ist es für

das Pferd noch schwieriger, sich geradezurichten.
Diese Art von Schiefe beim Pferd wird korrigiert, indem man beide Schenkel einsetzt, um es vorwärts in eine gleichmäßigere Zügelanlehnung hineinzureiten. Es wäre falsch, nur den inneren Schenkel zu benutzen, um damit die Hinterhand nach außen zu treiben. Zur Aufrechterhaltung des Gleichgewichts werden halbe Paraden eingesetzt. Wenn das Pferd eine gleichmäßige Zügelanlehnung bekommt und man selbst gerade sitzt, werden die Schultern des Pferdes nach innen auf die Spur kommen, so daß es wieder gerade ist. Man muß daran denken, daß man ein schiefes Pferd nicht geraderichten kann, wenn man selbst nicht in korrekter Haltung sitzt.
Im Kapitel 7 wurde erklärt, wie ein Pferd schief werden oder vermehrt auf die Vorhand kommen kann, wenn die Hinterhand nicht tätig genug ist, um die Selbsthaltung zu gewährleisten. Es kann auch versuchen, den Einsatz der Hinterhand zu minimieren, indem es mit den Beinen seitlich tritt, statt sie unter den Körper zu setzen. Dies führt ebenfalls zu Schiefe.
Im Galopp kommt es oft vor, daß das Pferd die Hinterhand nach innen nimmt. Das kann aber auch ein Anzeichen dafür sein, daß man das Pferd überfordert hat, indem man von ihm verlangte, langsamer zu galoppieren oder seine Hinterbeine stärker einzusetzen.
Eine solche Schiefe im Galopp muß schnellstmöglich korrigiert werden, und zwar entweder durch stärkeres Vorwärtsreiten oder durch Geraderichten: Die Reiterhände werden leicht nach innen genommen, so daß sie die Vorhand auffordern, nach innen zu kommen. Gleichzeitig setzt man den inneren Schenkel am Gurt ein, um den Körper des Pferdes auf der Spur zu halten.
Beim Ausführen dieser Korrektur muß man darauf achten, gerade zu sitzen und sich nicht nach einer Seite zu lehnen. Die Sitzknochen sollten sich in der Mitte des Sattels befinden, und der Körper muß von den Sitzknochen aufwärts gleichmäßig und ausbalanciert gehalten werden.

LOSGELASSENHEIT

Ein losgelassenes Pferd setzt seinen Körper wie ein Athlet ein. Es entwickelt Schubkraft aus der Hinterhand und läßt den Rücken los, so daß er in seiner ganzen Länge schwingen kann. Dadurch haben die Schultern Bewegungsfreiheit, und der Hals ist beweglich genug, um sich bei Bedarf nach beiden Seiten zu biegen. Die Schritte, Tritte und Sprünge werden federnd und elastisch, und die ganze Bewegungsmanier ist von anderer Qualität. Diese Qualität – das ist Losgelassenheit.
Ein losgelassenes Pferd ist locker und beweglich, es federt weich, und es ist für den Reiter viel bequemer zu sitzen.
Das Gegenteil davon ist Steifheit. Sie kann eine Vielzahl von Ursachen haben und steht dem Ausbildungsfortschritt des Pferdes im Wege. Durch den festgehaltenen Pferderücken führt Steifheit zu stoßenden, unbequemen Gängen, denen oft der Raumgriff fehlt.
Das Exterieur oder Gebäude eines Pferdes bestimmt bis zu einem gewissen Grad, wie es sich bewegt. Aber selbst ein Pferd mit geradezu idealem Exterieur bewegt sich nicht unbedingt gut. Um aus einem Pferd das beste herauszuholen, muß man es zu möglichst großer Losgelassenheit bringen. Für ein Dressurpferd ist Losgelassenheit eine Grundbedingung. Sie muß entwickelt werden, und zwar durch korrekte Arbeit am gesamten Körper des Pferdes – Rücken, Beine, Hals, Genick und Kiefer. Daneben

muß sich der Reiter bemühen, auch eine innere Losgelassenheit zu erreichen.

Lösende Übungen

Lösende Übungen strecken und biegen das Pferd, so daß seine Bewegungen und seine Haltung lockerer und elastischer werden. Viele Pferde haben eine steife Seite, was bedeutet, daß ihnen das Biegen auf dieser Seite schwerer fällt und sie sich auf dem Zirkel auf dieser Hand weniger frei bewegen. Es ist zwar hilfreich, mehr auf der steiferen Hand zu arbeiten, bis sich das Pferd auf beiden Händen gleichmäßig bewegt. Dabei ist es aber sehr wichtig, häufige Handwechsel durchzuführen, so daß man das Pferd nicht auf eine bestimmte Haltung fixiert.

Biegt man das Pferd beispielsweise nach rechts, so wird die rechte Körperseite bei dieser Übung verkürzt, während die linke Seite gestreckt wird. Wenn das Pferd also auf der rechten Seite steifer ist, hilft es manchmal, mehr auf der linken Hand zu arbeiten, so daß die rechte Seite des Pferdes gestreckt und gelockert wird. Viele der Grundübungen und Bahnfiguren in Kapitel 9 sind speziell dazu gedacht, die Losgelassenheit zu fördern.

Es ist immer gut, wenn man über die Stärken und Schwächen seines Pferdes Bescheid weiß. Dazu sollte man analysieren, was es *von sich aus* kann und anbietet.

Je mehr man über sein Pferd weiß, desto besser erkennt man, wie man es weiter ausbilden kann.

9

Einige Grundübungen

Wenn man sich sorgfältig an die bisherigen Ausbildungsschritte gehalten hat, sollte sich das Pferd jetzt gehorsam, im Gleichgewicht, am Zügel, losgelassen und gerade bewegen. An all diesen Eigenschaften muß man bei der Ausbildung des Pferdes weiterhin arbeiten und sie verbessern. Trotzdem sollte der Reiter nun in der Lage sein, einige der Lektionen, wie sie in Dressurprüfungen der Klasse E verlangt werden, zufriedenstellend zu reiten. Auch wenn man manche dieser Übungen vielleicht schon trainiert hat, soll dieses Kapitel deutlich machen, was genau bei den einzelnen Lektionen erreicht werden soll.

Zunächst muß man die genaue Größe der Bahn kennen, in der man reitet. 20 × 20 Meter sind das Minimum, damit man genügend Platz hat, um die Lektionen reiten zu können; 20 × 40 Meter wären allerdings viel besser. Rund um die Bahn muß man, wie auf Seite 19 beschrieben, einige Markierungen für die Wechselpunkte aufstellen, damit man die Lektionen exakt reiten kann. Diese Exaktheit ist wichtig: Sie erzieht zur Selbstdisziplin und dient als

In diese 20 × 40 Meter große Reitbahn sind verschiedene Möglichkeiten für den Handwechsel und für das Durchreiten der Ecken eingezeichnet.

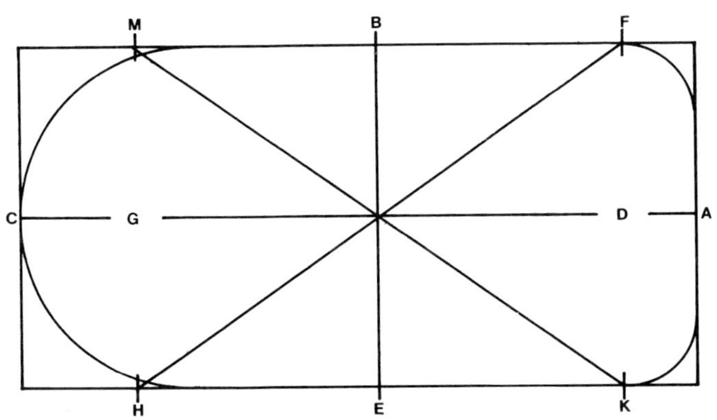

Das Abrunden der Ecken ist für jüngere und noch nicht ausbalancierte Pferde einfacher.

Mit weiter ausgebildeten Pferden reitet man die Ecken aus.

Anhaltspunkt dafür, wieviel Einwirkung man tatsächlich hat.
Die grundlegenden Bahnfiguren sind Zirkel sowie Volten, Bögen und Schlangenlinien. Sehen Sie sich die Zeichnungen genau an und zeichnen Sie sie vielleicht sogar selbst auf Papier, bevor Sie sie zu reiten versuchen. Es ist wichtig, daß man sicher ist, wo man hinreiten will. Zuerst probiert man die Figuren im Schritt aus, so daß man ein Gefühl für die Lektion bekommt. Später kann man zum Trab und vielleicht zum Galopp übergehen.

Benutzung der Reitbahn, 40 × 20 Meter

Ganze Bahn
Wenn man »ganze Bahn« reitet, also außenherum dem ersten Hufschlag folgt, sollte man die Ecken als Viertelkreisbogen reiten, nicht als Wendungen im rechten Winkel, die das Pferd aus dem Gleichgewicht bringen würden. Die Viertelkreisbogen sollen eine Größe haben, die sich leicht reiten läßt. Auf M-Niveau könnten die Ecken also Viertelkreisbogen von sechs Metern Durchmesser entsprechen, auf E-Niveau dagegen eher Viertelkreisbogen von 15 Metern Durchmesser.

Richtungswechsel
Richtungswechsel oder Handwechsel kann man ausführen, indem man von B nach E geradeaus durch die Bahn reitet oder von A nach C der Mittellinie folgt und dann in die andere Richtung abwendet. Diese Wendungen sollten, ebenso wie die Ecken, als Viertelkreisbogen entsprechender Größe geritten werden. Handwechsel können auch diagonal geritten werden, beispielsweise MXK, oder als Wechsel aus dem Zirkel, wie sie auf Seite 95 beschrieben sind.

KREISLINIEN

Die Arbeit auf Kreislinien trägt dazu bei, das Pferd zu lösen. Es muß dabei mit dem inneren Hinterbein weiter unter den Körper treten und aktiver werden, so daß es ständig in der Biegung bleiben kann. Das äußere Hinterbein muß etwas mehr gestreckt werden als auf einer geraden Linie, weil die äußeren Beine eine weitere Strecke zurücklegen müssen als die inneren. Häufige Handwechsel stellen sicher, daß das Pferd auf beiden Seiten gleichermaßen gelöst wird.
Ein Zirkel ist ein Kreis von 20 Metern Durchmesser. Volten haben einen Durchmesser von sechs bis zehn Metern. Im allgemeinen werden die Maße der Volten, die in Dressurprüfungen verlangt werden, mit

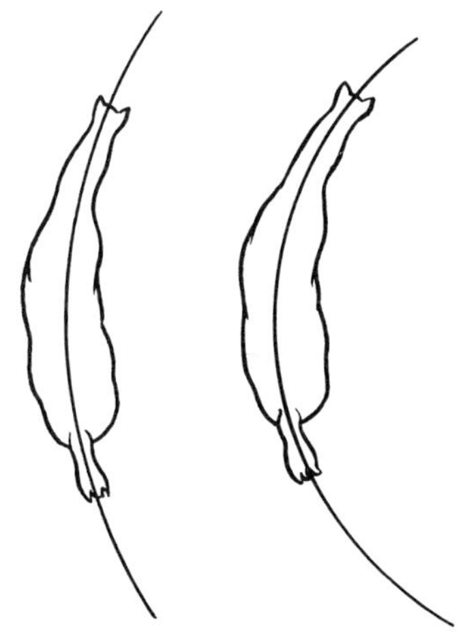

Das Pferd wird je nach Größe des Kreises mehr oder weniger stark gebogen.

steigendem Niveau der Prüfung kleiner. Je besser das Pferd ausbalanciert ist und je durchlässiger es ist, desto kleiner kann man die Volten reiten.
Die Biegung des Pferdes entspricht immer der Kreislinie, auf der es sich befindet. Für einen Zirkel ist die Biegung also recht gering, für eine Volte ist sie stärker. Man sollte eine Volte immer nur so klein reiten, daß das Pferd der Biegung noch mühelos folgen kann.
Die Biegung nach innen wird dadurch erreicht, daß man den inneren Schenkel am Gurt anlegt und mit dem äußeren Zügel den Grad der Biegung begrenzt. Der innere Zügel deutet die Biegung an, darf sie aber nicht durch starkes Anziehen erzwingen, weil sonst die Schultern des Pferdes nach außen »ausfallen«, so daß es schief wird und das Gleichgewicht verliert. Die Schulter kann auch ausfallen, wenn man am äußeren Zügel keine Anlehnung aufrechterhält. Ein zu stark anstehender äußerer Zügel verhindert allerdings die Biegung: Das Pferd macht sich dann steif und kann sich gar nicht mehr biegen.
Am einfachsten ist der normale Zirkel mit einem Durchmesser von 20 Metern zu reiten.

Zirkel

Der Zirkel nimmt die gesamte Breite und die halbe Länge einer Reitbahn von 20 x 40 Metern ein. Er soll immer deutlich an einem Bahnpunkt begonnen werden, also beispielsweise bei A, B oder X. Um die richtige Größe und Form zu finden, sucht man sich die vier Zirkelpunkte (siehe Zeichnung) und reitet dann auf einer gleichmäßig gebogenen Linie von Punkt zu Punkt.
Wenn man sich zum Beispiel vorstellt, daß man bei B einen Zirkel auf der linken Hand

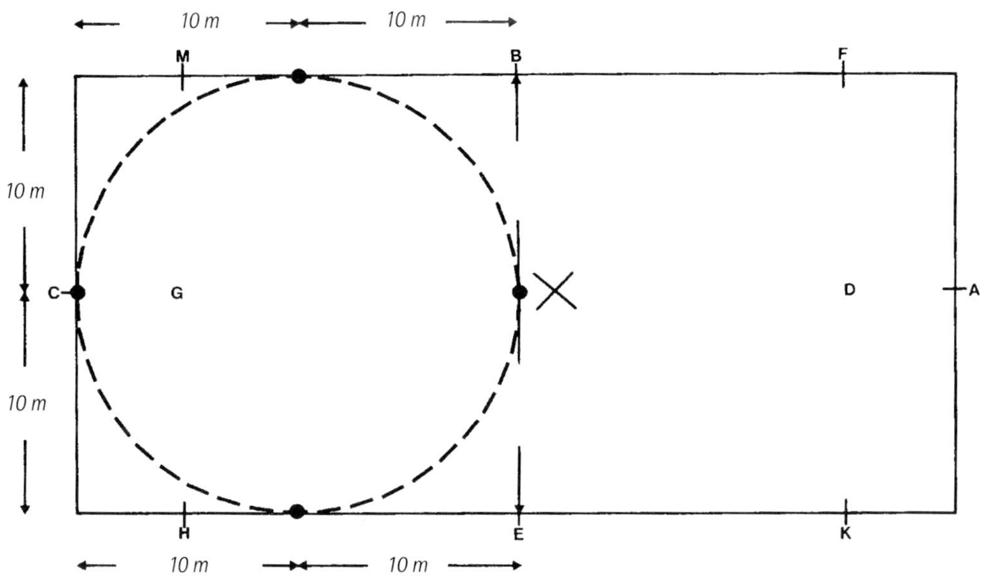

Beim Reiten eines Zirkels sucht man sich die vier Zirkelpunkte und verbindet sie mit einer gleichmäßig gebogenen Kurve.

beginnt, dann verläßt man direkt hinter B den Hufschlag und kreuzt die Mittellinie genau auf halbem Wege zwischen X und C; an dieser Stelle sollte man sich parallel zur kurzen Seite der Reitbahn befinden. Direkt vor E kommt man dann wieder auf den Hufschlag, so daß man sich beim Vorbeireiten am Bahnpunkt in gerader Linie auf dem Hufschlag befindet. Mit dem nächsten Tritt verläßt man den Hufschlag schon wieder und kreuzt die Mittellinie genau auf halbem Wege zwischen X und A. Direkt vor B kommt man wieder auf den Hufschlag zurück, so daß man sich beim Vorbeireiten an B gerade auf dem Hufschlag befindet. Bei jedem Tritt auf dem Zirkel ist das Pferd um den Bruchteil eines Meters gebogen, so daß jeder Tritt auf einer gebogenen Linie ausgeführt wird und kein Tritt geradeaus geht.

In Prüfungen wird immer nur ein Zirkel oder eine Volte auf einmal verlangt, aber im Training ist es nützlich, eine Zeitlang auf dem Zirkel zu bleiben und darauf zu arbeiten – vorausgesetzt, man kann die Kreislinie beibehalten und läßt das Pferd nicht abdriften. Man muß jedem einzelnen Tritt Aufmerksamkeit schenken, so daß man den Hufabdrücken der vorigen Runde folgt.

Wenn man einige Zeit auf demselben Zirkel gearbeitet hat, zeichnet sich dort, wo man geritten ist, eine deutliche Spur ab. Den Handwechsel kann man durch die Mitte des Zirkels legen; das ist eine gute Prüfung für die reiterliche Einwirkung.

Wenn man auf dem Zirkel Übergänge reitet, muß man sehr darauf achten, beim Wechsel der Gangart nicht von der Kreislinie abzuweichen. Je schneller die Gangart, desto rascher muß auch die Hilfengebung erfolgen. Wenn man langsamer reitet, sollte man darauf achten, nicht zu scharf abzuwenden. Es ist wichtig, daß sich Pferd und Reiter zu jeder Zeit genau auf der Linie des Zirkels befinden.

Kreisbogen mit 15 Metern Durchmesser

Für diese englische Zirkelvariante ist ein höheres Maß an Gleichgewicht und Losgelassenheit erfoderlich als für die normalen 20-Meter-Zirkel. Außerdem fällt es dem Reiter schwerer, die genaue Größe zu bestimmen, weil es weniger Orientierungspunkte gibt.

Wenn man den Kreisbogen bei B beginnt, befindet sich sein Mittelpunkt auf der Linie zwischen B und X – zweieinhalb Meter von X und siebeneinhalb Meter von B entfernt. Damit der Kreisbogen rund wird, muß man also ständig einen Abstand von siebeneinhalb Metern zum Mittelpunkt einhalten. Der Kreisbogen kreuzt die Linie von X nach E genau auf halbem Wege zwischen diesen beiden Punkten.

Leichter kann man sich den Verlauf des Kreises vorstellen, wenn man ihn sich maßstabsgetreu aufzeichnet.

Volten mit zehn Metern Durchmesser

Eine Volte kann man an jedem Punkt einer Reitbahn von 20 × 40 Metern reiten. Zunächst sollte man mit Volten mit zehn Metern Durchmesser beginnen. Das Pferd muß auf dem normalen Zirkel mühelos im Gleichgewicht bleiben können, bevor man zum Reiten von Volten übergeht. Die Größe einer Volte ist leicht abzuschätzen: Zehn Meter sind die Hälfte der Reitbahnbreite. Bei Volten, die man an den Bahnpunkten M, F, H oder K anlegt, muß man beachten, daß diese Punkte sechs Meter von den Ecken entfernt sind. Volten an diesen Stellen berühren die kurze Seite also nicht,

Eine Volte mit zehn Metern Durchmesser bei C

sondern bleiben einen Meter von ihr entfernt.

Kleinere Volten

In höheren Dressurklassen werden Volten von acht oder sechs Metern Durchmesser verlangt. Die Arbeit auf solch kleinen Kreisbogen erfordert vom Pferd ein hohes Maß an Versammlung und Gleichgewicht.

Aus dem Zirkel wechseln

Diese Figur reitet man normalerweise als Handwechsel, aber mehrere Wechsel aus dem Zirkel nacheinander («Achter«) sind auch eine gute lösende Übung. Man reitet dabei Halbkreisbogen, die genau die Form und Größe eines halben Zirkels haben sollen. Eine andere Möglichkeit besteht darin, bei X geradeaus vom Zirkel wegzureiten

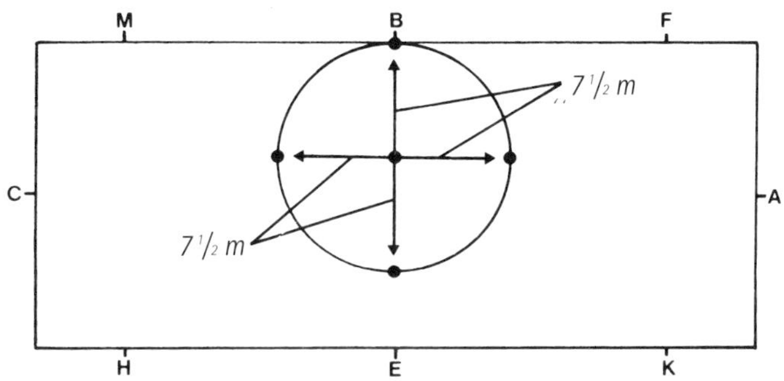

Ein Kreisbogen mit 15 Metern Durchmesser bei B auf der linken Hand

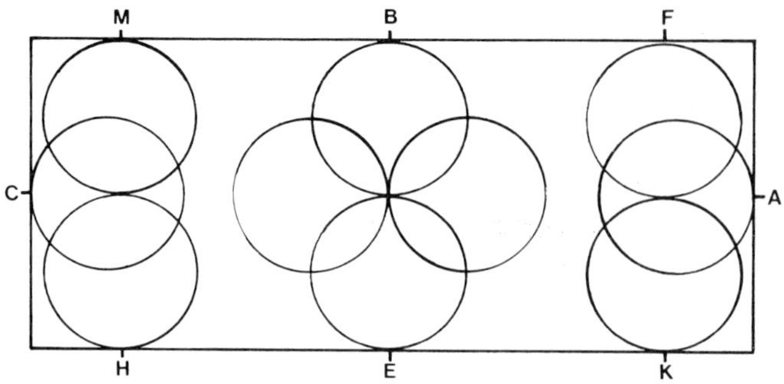

Volten mit einem Durchmesser von zehn Metern können an jedem Bahnpunkt geritten werden.

und bei Erreichen des Hufschlages die Hand zu wechseln. Natürlich kann man auch aus kleineren Kreisbögen oder aus Volten wechseln.

KEHRTVOLTEN UND DURCH DEN ZIRKEL WECHSELN

Auch bei Kehrtvolten wechselt man im Grunde *aus dem* Zirkel beziehungsweise aus der Volte, reitet danach aber geradeaus weiter. Sie sind für das Pferd nicht einfach, vor allem, wenn sie im Trab geritten werden. Man sollte Kehrtvolten daher erst dann versuchen, wenn das Pferd ohne jegliche Gleichgewichtsprobleme aus dem Zirkel wechselt.

Wechsel *durch den* Zirkel sind eine gute lösende Übung, die auch mehrmals hintereinander ausgeführt werden kann; hierbei muß man aber sehr exakt reiten. Meistens werden sie zu dem Zweck geritten, den der Name andeutet: zum Handwechsel.

EINFACHE SCHLANGENLINIEN

Die lösende Arbeit beim Reiten von Schlangenlinien ähnelt der auf dem Zirkel. Eine einfache Schlangenlinie wird auf der langen Seite der Reitbahn ausgeführt. Pferd und Reiter entfernen sich an der breitesten Stelle der Linie fünf Meter vom Hufschlag; bei der doppelten Schlangenlinie sind es zweieinhalb Meter. Man mißt diese Entfernung bei der einfachen Schlangenlinie an dem Punkt, an dem man die Verbindungslinie zwischen B und E kreuzt. Reitet man diese Bahnfigur im Trab, so sollte man mit einer leichten Innenbiegung anfangen und das Pferd gerade vor-

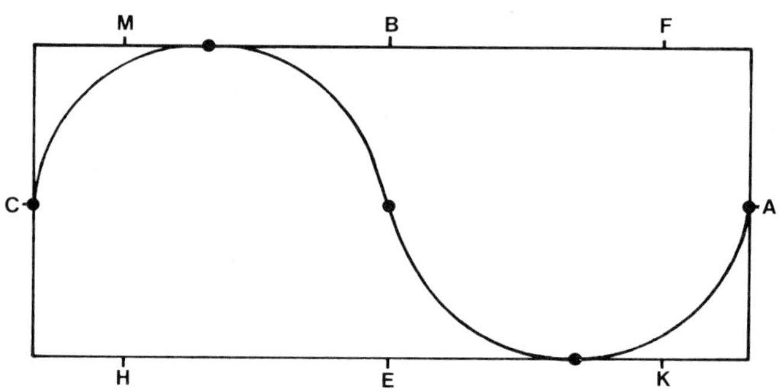

Aus dem Zirkel wechseln vom Zirkel bei A auf den Zirkel bei C

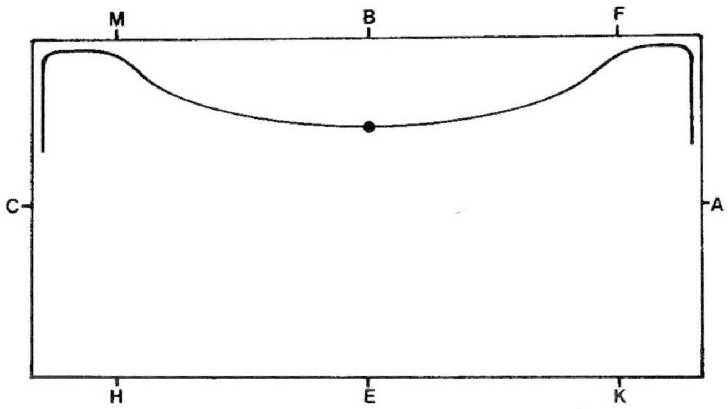

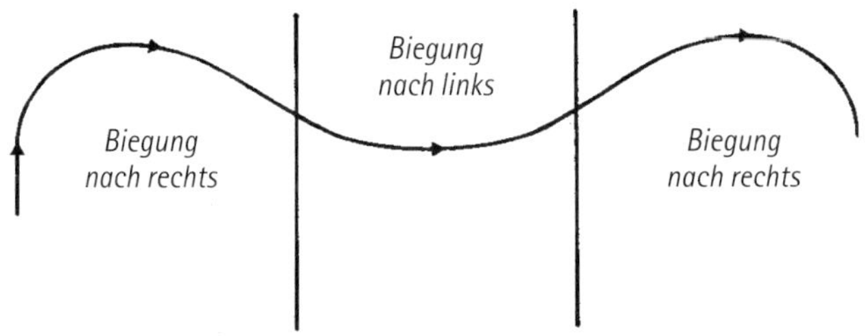

Eine einfache Schlangenlinie und die Biegungen, die im Trab auf einer Schlangenlinie verlangt werden.

wärts reiten, wenn man sich auf dem geraden Stück in der Mitte der Schlangenlinie befindet. Wendet man dann auf halber Strecke wieder nach außen ab, so biegt man auch das Pferd nach außen. Man reitet in gerader Linie zum Hufschlag zurück, richtet das Pferd wieder gerade und biegt es dann nach innen, wenn man den Hufschlag kurz vor der Ecke erreicht.

Im Galopp wird die einfache Schlangenlinie ganz anders geritten. Der Innengalopp wird beibehalten. Die Biegung wird also die ganze Zeit danach ausgerichtet, auf welcher Hand der Galopp geritten wird, und damit befindet man sich ab der Mitte der Schlangenlinie (also ab dem Abwenden nach außen) tatsächlich im Außengalopp. Das ist die einfachste Form des Außengalopps. Zu Anfang kann man den Bogen sehr flach reiten und sich nur eineinhalb Meter vom Hufschlag entfernen. Wenn das Pferd dann verstanden hat, was es tun soll, kann man die Entfernung auf drei, vier und schließlich fünf Meter vergrößern.

Das Geheimnis beim Reiten dieser Schlangenlinien liegt darin, das Umstellen des Pferdes allmählich und sanft durchzuführen. Wenn man hier zu schnell vorgeht, kann das Pferd sehr schnell aus dem Gleichgewicht kommen und auch ungewollt die Hand wechseln.

SCHLANGENLINIEN DURCH DIE GANZE BAHN

Neben Zirkeln, einfachen und doppelten Schlangenlinien eignen sich die Schlangenlinien durch die ganze Bahn besonders gut für die lösende Arbeit. Es handelt sich dabei um Bögen, die durch die gesamte Breite der Bahn gelegt werden. Man beginnt damit bei C oder A und hört bei A oder C auf. Jeder Bogen führt von der langen Seite quer durch die Bahn, im rechten Winkel über die Mittellinie, zur gegenüberliegenden langen Seite und wieder zurück. In einer Reitbahn von 20 x 40 Metern hat die Schlangenlinie durch die ganze Bahn normalerweise drei Bögen. Auf dem großen Viereck kann sie bis zu sechs Bögen haben.

Schlangenlinien mit einer ungeraden Anzahl von Bögen (drei oder fünf) enden auf derselben Hand, auf der sie angefangen haben. Wenn die Anzahl gerade ist, befindet man sich danach auf der anderen Hand.

Schlangenlinie mit drei Bögen

Wenn man eine wirklich exakte Schlangenlinie mit drei Bögen reiten will, sollte man sich vorher Hilfspunkte in der Bahn markieren. Dazu teilt man die Mittellinie in drei gleich lange Strecken auf und markiert das Ende jedes Abschnitts deutlich. (Man kann dazu beispielsweise mit den Füßen Markierungen in den Reitbahnboden ziehen, die man vom Pferd aus gut sehen kann.) An diesen Punkten kreuzt man später die Mittellinie. Nun teilt man eine lange Seite in sechs gleich lange Strecken auf und markiert das Ende des ersten und des fünften Abschnitts (siehe Zeichnung). An diesen Punkten berührt man die lange Seite später. An der anderen langen Seite kommt man nur ein einziges Mal auf den Hufschlag, nämlich in der Mitte bei B oder E.

Anhand dieser Markierungspunkte sollte man erkennen können, wo die einzelnen Bögen ihren Anfang, ihr Ende und ihre Mitte haben. Man muß daran denken, daß man beim Kreuzen der Mittellinie mindestens eine Pferdelänge lang gerade, also parallel zur kurzen Seite, reiten sollte. An der langen Seite reitet man auf dem Hufschlag mindestens einen Tritt lang geradeaus.

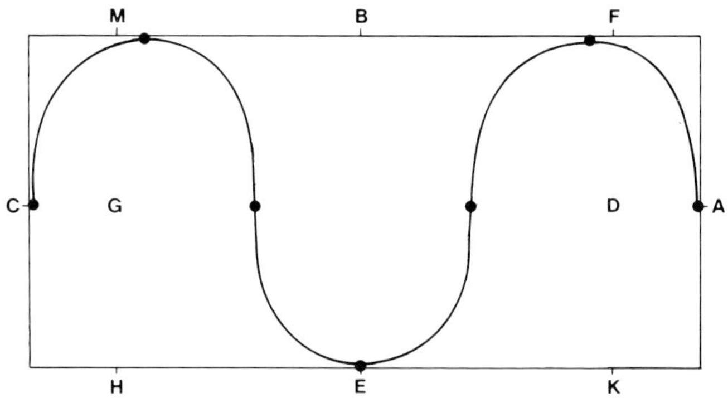

Schlangenlinie durch die ganze Bahn mit drei Bögen

Schlangenlinien im Leichttraben

Wenn man Schlangenlinien im Leichttraben reitet, wechselt man bei jedem Überqueren der Mittellinie den Fuß. Merkt man allerdings, daß der Fußwechsel die Konzentration stört oder einen aus dem Gleichgewicht bringt, so ist es besser, zunächst ohne Fußwechsel zu üben und sich darauf zu konzentrieren, saubere Bögen zu reiten.

Wenn man die Bahnfigur dann sicher reitet, wird man in der Lage sein, den Fußwechsel einzusetzen, ohne dabei durcheinanderzukommen.

Schlangenlinien im Galopp

Reitet man Schlangenlinien im Galopp, so wird man den zweiten Bogen entweder im Außengalopp reiten müssen, oder man wird beim Kreuzen der Mittellinie beide Male einen einfachen Galoppwechsel machen. Außengalopp auf einer Schlangenlinie durch die ganze Bahn ist eine ziemlich schwierige Übung, die man nur in Angriff nehmen sollte, wenn Pferd und Reiter einfachere Lektionen im Außengalopp bereits sicher beherrschen.
Wenn man diese Lektion zum erstenmal versucht, kann man den ersten und den dritten Bogen kleiner anlegen, so daß für den mittleren Bogen im Außengalopp mehr Platz bleibt. Sobald man auf diese Art keine Probleme mehr hat, kann man die Bögen wieder in der korrekten Größe anlegen.

Möchte man statt des Außengalopps einfache Galoppwechsel machen, so kann man sie über den Trab oder über den Schritt ausführen. Beim Trab hat man für die Übergänge nur sehr wenig Zeit, so daß ich die Wechsel lieber über den Schritt mache. Der Übergang in die langsamere Gangart muß gut vorbereitet werden und sollte noch vor dem Erreichen der Mittellinie stattfinden. Nach dem Überqueren der Mittellinie galoppiert man dann wieder an. Man muß darauf achten, daß man während der Übergänge nicht von der Bogenlinie abkommt.

LOCKERUNG DES ZÜGELKONTAKTS

In Dressurprüfungen der unteren Klassen sind noch zwei weitere Lektionen zu finden, die beide mit den Zügeln zu tun haben.

Zügel-aus-der-Hand-kauen-lassen und Überstreichen

Beim »Zügel-aus-der-Hand-kauen-lassen« und beim »Überstreichen« soll gezeigt werden, daß sich das Pferd einige Tritte lang ohne die Hilfe der Zügel ausbalancieren kann.
Normalerweise werden diese Lektionen auf der Diagonale, auf der langen Seite oder auf dem Zirkel gefordert.
Sie müssen nicht genau an einem Bahnpunkt durchgeführt werden, sondern an einem nicht genauer bestimmten Punkt zwischen zwei Bahnpunkten. Damit hat man als Reiter genügend Zeit, um sicherzustellen, daß das Pferd im Gleichgewicht ist, und um bei Bedarf noch eine halbe Parade zu geben, bevor man die Zügel nachläßt.
Dazu schiebt man beide Hände am Mähnenkamm entlang nach vorne, bis die Zügel durchhängen und man keinen Kontakt zum Pferdemaul mehr hat. Man darf dabei aber nicht den eigenen Körper nach vorne lehnen, weil man dadurch aus dem Gleichgewicht kommen würde. Die Zügel müssen fest in den Händen liegen und dürfen nicht durch diese hindurchrutschen – sonst wären sie nach der Übung plötzlich zu lang! Die Hände bleiben vier oder fünf Tritte lang in dieser Position vorne am Pferdehals.
Danach bringt man sie gefühlvoll wieder zurück in die normale Haltung und achtet dabei darauf, die Anlehnung nicht zu abrupt wieder aufzunehmen.

Während des gelockerten Zügelkontakts sollte das Pferd nicht schneller werden oder den Raumgriff seiner Tritte verändern. Es darf Kopf und Hals langsam senken, soll aber die Nase nicht nach oben strecken oder den Kopf heben.

10

Einführung in die Arbeit auf zwei Hufschlägen

Bei einem geradegerichteten Pferd folgen die Hinterhufe direkt der Spur der Vorderhufe. Bei der Arbeit auf zwei Hufschlägen bewegt das Pferd den Körper sowohl seitwärts als auch vorwärts, so daß die Hinter- und Vorderhufe in unterschiedliche Spuren treten.

Bei der Arbeit auf zwei Hufschlägen können Losgelassenheit und Versammlung gut entwickelt werden. Das Pferd muß mit den Hinterbeinen weiter unter den Körper treten, um sich seitwärts bewegen zu können. Dadurch wird die Hinterhand stärker aktiviert, was wiederum das Gleichgewicht verbessert.

Bevor man die Arbeit auf zwei Hufschlägen sinnvoll einsetzen kann, muß das Pferd die drei Grundgangarten sicher beherrschen, bei der Arbeit geradegerichtet und im Gleichgewicht bleiben und so losgelassen sein, daß es die geforderte Biegung zeigen kann. Es muß die Hilfen annehmen und gut darauf reagieren. Besonders wichtig ist es, daß das Pferd nicht vor den Schenkelhilfen davonläuft, denn mit diesen wird es zur Seitwärtsbewegung aufgefordert.

In den vorhergehenden Kapiteln wurde erklärt, daß das Pferd sich vom Schenkel vorwärts treiben läßt, und daß man ein schiefes Pferd geraderichten kann, indem

Das Pferd bewegt sich auf verschiedenen Hufschlägen.

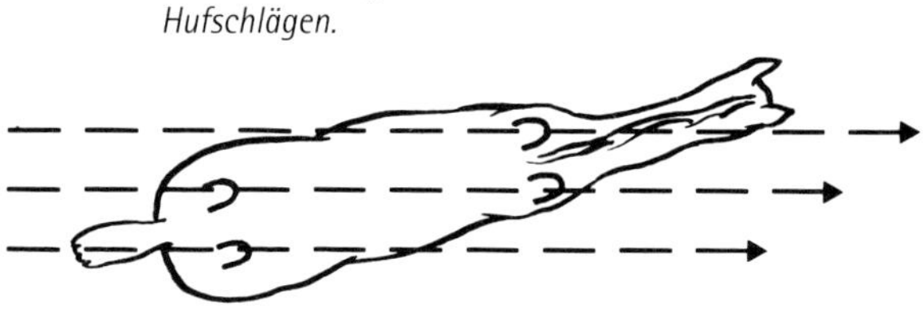

Das Pferd bewegt sich gerade.

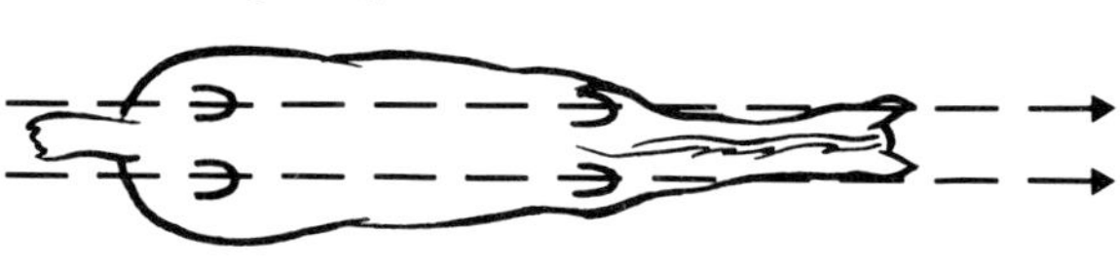

man den Schenkel der gegenüberliegenden Seite einsetzt, um das Pferd zu einer Bewegung in eine bestimmte Richtung aufzufordern. Der linke Schenkel fordert es auf, sich nach rechts zu bewegen, und der rechte Schenkel fordert es auf, sich nach links zu bewegen.

Wenn diese seitwärtstreibenden Schenkelhilfen mit verwahrenden Hilfen des anderen Schenkels, mit entsprechenden Zügelhilfen und einer korrekten Körperhaltung kombiniert werden, kann das Pferd sich gleichmäßig seitwärts bewegen. Mit anderen Worten: Bei jedem Tritt wird ebensoviel Raumgriff nach vorwärts und seitwärts entwickelt wie beim vorherigen Tritt.
Der Grad der Seitwärtsbewegung bei der Arbeit auf zwei Hufschlägen heißt Abstellung. Je stärker die Seitwärtsbewegung ist, desto weniger bewegt sich das Pferd vorwärts und desto stärker ist die Abstellung. Wenn man sich nur wenig seitwärts, sondern in erster Linie vorwärts bewegt, ist die Abstellung gering. Beginnen Pferd und Reiter gerade erst mit der Arbeit auf zwei Hufschlägen, so sollte die Abstellung gering sein, weil die Lektion dadurch in der Lernphase so einfach wie möglich wird.

LEKTIONEN AUF MEHREREN HUFSCHLÄGEN

Die *Vorhandwendung* ist die einfachste Einführung in die Arbeit auf mehreren Hufschlägen. Diese Lektion wird wahrscheinlich häufig ausgeführt, ohne daß der Reiter es überhaupt bemerkt – zum Beispiel, wenn er vom Pferd aus ein Tor öffnet. Als Schulreiter-Lektion ist sie allerdings nicht ganz so einfach. Eigentlich dreht man dabei nur sein Pferd herum, so daß es in die entgegengesetzte Richtung blickt. Das tut man allerdings nicht, indem man das Pferd mit den Zügeln herumzieht, sondern indem man es mit den Schenkeln dazu bringt, mit der Hinterhand in einem Halbkreis um die Vorhand herumzutreten – daher der Name »Vorhandwendung«.
Die nächste Übung ist dann das *Schenkelweichen*, bei dem sich das Pferd seitwärts und vorwärts durch die Bahn bewegt, wodurch der Reiter das Gefühl hat, auf mehr als einem Hufschlag zu arbeiten.
Der Übergang zum *Schulterherein* kommt dann fast von selbst, denn diese Lektion ähnelt dem Schenkelweichen, nur die Biegung ist größer. Das Schulterherein ist eine der wichtigsten Lektionen in der Dressurausbildung. Es verbessert Losgelassenheit und Versammlung und verfeinert das Zusammenwirken von innerem Schenkel und äußerem Zügel.
Das *Schultervor* ähnelt dem Schulterherein, aber die Abstellung ist hier geringer. Der Wert dieser Übung liegt vor allem darin, das Pferd geradezurichten und es auf andere Lektionen vorzubereiten.
Travers, *Traversale* und *Renvers* sind Seitengänge, bei denen sich das Pferd in die Richtung biegen muß, in die es sich bewegt. Damit unterscheiden sie sich ziemlich stark von den vorigen Übungen, und die Notwendigkeit eines guten Zusammenwirkens von innerem Schenkel und äußerem Zügel ist noch größer. Das Pferd muß sich vom äußeren Schenkel vorwärts und seitwärts treiben lassen, sich aber um den inneren Schenkel biegen.
Der *Travers* wird auch Kruppeherein genannt und führt schließlich zur *Traversale*. Hilfengebung und Bewegungsablauf sind bei beiden Lektionen gleich. Der Unterschied liegt darin, daß der Travers auf dem Hufschlag oder auf der Mittellinie geritten wird, während die Traversale vom Hufschlag durch die Bahn zur Mittellinie

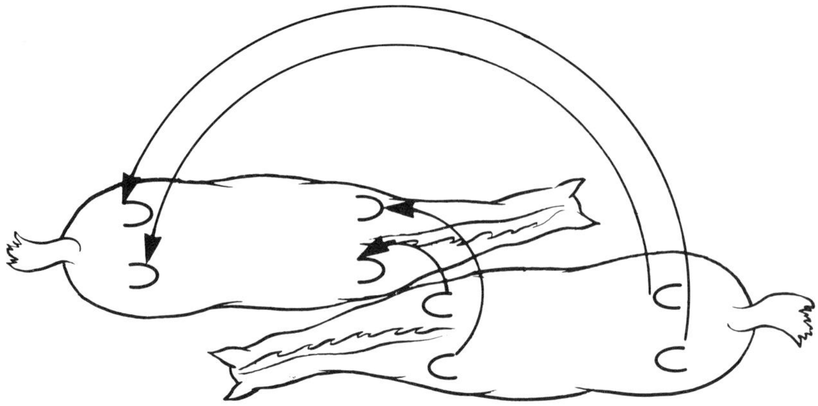

Vorhandwendung links

oder umgekehrt ausgeführt wird. Der Travers ist eher eine Ausbildungsübung als eine Vorführlektion, während Traversalen sehr ansprechend aussehen – vor allem, wenn sie quer durch die ganze Bahn geritten werden.

Der *Renvers* ähnelt dem Travers und der Traversale. Der Grad der Seitwärtsbewegung und der Biegung ist gleich, aber die Hinterhand bleibt beim Renvers auf dem Hufschlag. Die Vorhand wird nach innen geführt, und das Pferd ist nach außen gebogen.

Die *Kurzkehrtwendung* ist eine Wendung um 180°, bei der das Pferd die Vorhand im Halbkreis um die Hinterhand herumbewegt. Wenn diese Lektion aus dem Halten ausgeführt wird, bezeichnet man sie als *Hinterhandwendung*. Kurzkehrtwendungen werden zunächst im Schritt ausgeführt. Bei Pferden, die einen hohen Versammlungsgrad erreicht haben, reitet man sie auch im Galopp.

Bei allen Lektionen auf mehreren Hufschlägen muß man Geduld bewahren und sich darauf beschränken, jeweils nur eine Lektion zu lernen. Man sollte nicht versuchen, dem Pferd zuviel auf einmal beizubringen – damit wird man es höchstwahrscheinlich nur verwirren, und sich selbst dazu.

DIE VORHANDWENDUNG

Anfangs reitet man die Vorhandwendung am besten aus dem Halten, später aus dem Schritt. Man sollte nicht auf dem ersten Hufschlag, sondern etwas weiter in der Bahnmitte halten, so daß das Pferd Platz zum Wenden hat, ohne sich die Nase an der Bande anzuschlagen. Das Halten soll gleichmäßig und im guten Gleichgewicht ausgeführt werden, und das Pferd soll aufmerksam und an den Hilfen bleiben.

Wenn es »in Parkstellung« ist und abgeschaltet hat, muß man es durch Anreiten im Schritt aufwecken und nochmals halten. Diesmal stellt man sicher, daß es an den Hilfen bleibt, indem man mit Schenkeln und Zügeln leichte Anlehnung hält.

Um eine Vorhandwendung rechts durchzuführen, stellt man das Pferd leicht nach rechts, belastet den rechten Sitzknochen etwas stärker und fordert das Pferd mit dem rechten Schenkel kurz hinter dem Gurt zum Seitwärtstreten auf. Sobald es auf die Schenkelhilfe reagiert, entspannt man den Schenkel einen Augenblick lang. Dann gibt man auf die gleiche Art das Signal für den nächsten Tritt. So kann man die ganze Wendung durch abwechselnden leichten Druck und Nachlassen des Schenkels reiten.

Anfangs bleibt der linke Schenkel passiv, weil es sonst passieren kann, daß das Pferd nicht versteht, welchem Schenkel es ausweichen soll. Später wird er am Gurt eingesetzt, um die Bewegung aufrechtzuerhalten oder um das Pferd zu einem Tritt nach vorne aufzufordern, wenn es sich zu weit nach links oder nach hinten bewegt. Der linke Zügel wird eingesetzt, um das Tempo durch kurzes Annehmen zu kontrollieren, und um die linke Schulter am Ausfallen nach links zu hindern.

Wenn die Wendung beendet ist, reitet man geradeaus vorwärts und lobt das Pferd. Man sollte nach der Vorhandwendung nie im Halten verharren, denn das staut die Energie, die man gerade durch die Wendung erzeugt hat, und kann zu Verspannungen führen.

Man muß immer daran denken, daß sich die Vorhand nicht auf dem Boden drehen soll. Die Vorderbeine sollen sich im Schrittakt auf der Stelle bewegen oder einen ganz kleinen Halbkreis beschreiben.

Bei Bedarf kann man die Schenkelhilfe durch ein leichtes Antippen mit der Gerte bekräftigen. Man muß immer sorgfältig darauf achten, das Pferd nicht mit der Hand einzuengen, weil das dazu führen kann, daß es rückwärts geht.

Wenn man irgendwann in der Wendung das Gefühl hat, daß das Pferd »festgewachsen« ist, reitet man es ein paar Schritte vorwärts und versucht es dann noch einmal. Man sollte sich immer wieder klarmachen, daß es bei dieser Übung nicht darum geht, das Pferd so schnell wie möglich umzudrehen, sondern daß es lernen soll, dem Druck des Schenkels in taktmäßigen Seitwärtstritten zu gehorchen.

Immer mit der Ruhe

Bei einem jungen, verspannten oder aufgeregten Pferd ist es am besten, anfangs nur eine Viertelwendung um die Vorhand zu machen. Die Wendung wird Tritt für Tritt ausgeführt, und das Pferd wird für jede Bewegung gelobt. Man übt zuerst mehrere Wendungen zur gleichen Seite und vergewissert sich, daß das Pferd die Lektion verstanden hat, bevor man eine Wendung zur anderen Seite versucht. Wenn man mit der Wendung zur einen Seite größere Probleme hat, arbeitet man in aller Ruhe daran weiter und hebt sich die andere Seite für einen anderen Tag auf.

DAS SCHENKELWEICHEN

Das Schenkelweichen wird anfangs meist am Hufschlag entlang ausgeführt. Das Pferd ist dabei leicht von der Bande abgestellt und um den seitwärtstreibenden Schenkel gebogen. Diese Übung kann man beispielsweise durchführen, wenn man gerade aus der Ecke auf die lange Seite kommt. Wenn man das Pferd dem linken Schenkel weichen lassen möchte, reitet man auf der rechten Hand. Beim Erreichen der langen Seite belastet man den inneren Sitzknochen etwas mehr, stellt das Pferd etwas nach links und treibt es mit dem linken Schenkel hinter dem Gurt seitwärts. Der rechte Schenkel erhält die Vorwärts-

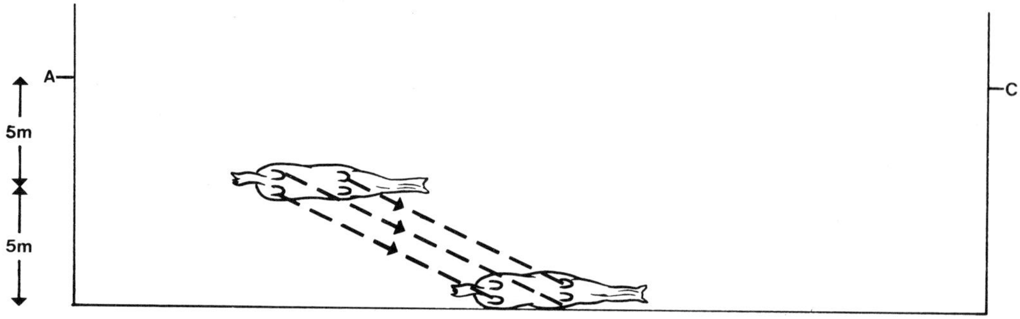

Viereck vergrößern: Das Pferd weicht dem linken Schenkel.

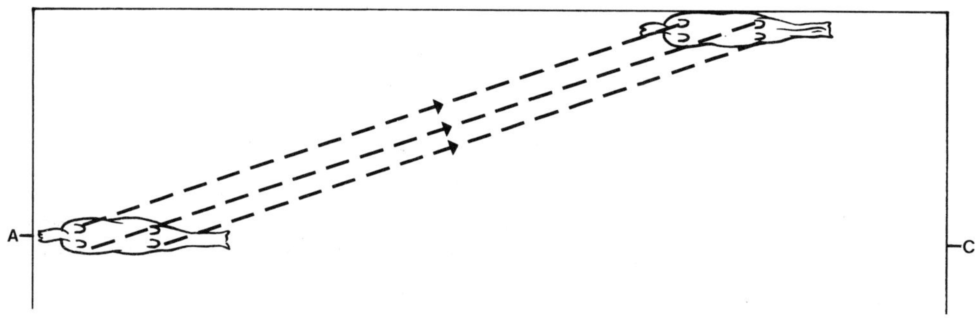

Bei dieser Variante weicht das Pferd von der Mittellinie zum Hufschlag dem rechten Schenkel.

bewegung, der rechte Zügel begrenzt sie. Wenn man diese einfachere Variante des Schenkelweichens mit dem Kopf zur Bande beherrscht, kann man das Schenkelweichen mit dem Kopf in Richtung Bahnmitte durchführen. Erst dann kann man zu einer fortgeschrittenen Variante des Schenkelweichens, dem »Viereck verkleinern und vergrößern«, übergehen.

Dabei bewegt sich das Pferd auf einer diagonalen Linie seitwärts und vorwärts durch die Bahn. Der Körper bleibt parallel zur langen Seite, der Kopf ist leicht entgegen der Bewegungsrichtung des Pferdes gestellt.

Man sucht sich dafür zunächst die Hand aus, auf der die Vorhandwendung am besten geklappt hat. Nehmen wir einmal an, daß sich das Pferd leichter vom linken Schenkel seitwärts treiben läßt. Dann reitet man ganze Bahn auf der linken Hand, an A vorbei, und wendet auf die Viertellinie ab, die in der Mitte zwischen dem Hufschlag und der Mittellinie verläuft. Hier geht man einige Schritte lang geradeaus, macht das Pferd mit einer halben Parade aufmerksam und fordert leichte Stellung nach links. Dann setzt man den linken Schenkel etwas hinter dem Gurt ein und treibt das Pferd damit seitwärts in Richtung Hufschlag. Der rechte Schenkel bleibt am Gurt und erhält die Vorwärtsbewegung. Der rechte Zügel begrenzt bei Bedarf die Vorwärtsbewegung und verhindert, daß die rechte Schulter der Hinterhand vorauseilt.

Die Hilfen an sich sind einfach. Schwieriger ist es, eventuell auftretende

Schwierigkeiten zu korrigieren. Wenn das Pferd im obigen Beispiel den linken Schenkel ignoriert und geradeaus weiterläuft, begrenzt man die Bewegung mit dem rechten Zügel und setzt den linken Schenkel mit etwas mehr Druck ein oder hilft mit der Gerte etwas nach. Eilt das Pferd mit der Vorhand seitwärts und zieht es die Hinterhand nur mit, so muß es langsamer werden, und man nimmt die Hände etwas nach links. Damit kann man auf die rechte Schulter einwirken, während der linke Schenkel die Hinterhand herumtreibt, bis das Pferd wieder parallel zum Hufschlag geht.
Bei der Lektion »Viereck verkleinern und vergrößern« ist es wichtig, sicherzustellen, daß man jederzeit wieder geradegerichtet vorwärts reiten kann. In unserem Beispiel würde man das durch Einsatz des rechten Schenkels erreichen. Außerdem ist es eine gute Übung, nach einigen Tritten »Viereck vergrößern« ein paar Schritte geradeaus zu gehen, dann wieder einige Tritte »Viereck vergrößern« und wieder geradeaus. Auf diese Art erreicht man eine bessere Einwirkung und hält das Pferd an den Hilfen.

Zu Anfang sind einige wenige Seitwärtstritte im Schritt schon zufriedenstellend. Sobald Pferd und Reiter die Übung »Viereck vergrößern« einfach finden, kann man vom Hufschlag in Richtung Mittellinie »Viereck verkleinern« reiten. Eine andere Möglichkeit besteht darin, auf einer langen Seite das Viereck zunächst zu verkleinern und dann wieder zu vergrößern. Dann wiederholt man die Übung im Trab, wobei man durchaus wieder in den Schritt durchparieren kann, wenn man im Trab die Kontrolle verliert.
Ein häufiger Fehler beim Schenkelweichen (und später beim Schulterherein) ist eine zu starke Stellung im Hals. Dadurch fällt das Pferd mit der äußeren Schulter aus, statt sich gleichmäßig und im Gleichgewicht seitwärts zu bewegen. Zur Korrektur richtet man das Pferd wieder gerade und vergewissert sich, daß es dem Schenkel seitwärts weicht.

SCHULTERHEREIN UND SCHULTERVOR

Die Abstellung für das Schulterherein bezieht sich auf die Position des Pferdes zum Hufschlag der langen Seite. Von hinten betrachtet, soll die Vorhand des Pferdes in einem Winkel von etwa 30° zum Hufschlag nach innen abgestellt sein. Das Pferd ist nach innen gebogen und soll dabei auf drei Hufschlägen gehen: Der äußere Hinterhuf erzeugt den ersten, der innere Hinterhuf und der äußere Vorderhuf den zweiten und der innere Vorderhuf den dritten, innersten Hufschlag. Wenn die Abstellung beim Schulterherein zu groß ist, geht das Pferd auf vier Hufschlägen statt auf drei.
Beim Schultervor nimmt das Pferd die Schulter etwas nach innen und ist leicht nach innen gebogen. Die Abstellung ist bei dieser Übung kleiner als beim Schulterherein. Das innere Vorderbein tritt nur um eine Kleinigkeit vom Hufschlag nach innen, und das äußere Vorderbein geht auf einem Hufschlag, der zwischen den Hufschlägen der beiden Hinterbeine liegt.
Das Schultervor kann im Schritt, im Trab und im Galopp geritten werden. Es ist eine gute Übung zum Geraderichten von Pferden, die schief und mit der Hinterhand nach innen gehen. Die Hilfen zum Schultervor sind die gleichen wie die zum Schulterherein, aber man fordert weniger Abstellung und Biegung.

Für das Schulterherein liegt der innere Schenkel am Gurt und fordert das Pferd auf, sich seitwärts zu bewegen, die Biegung beizubehalten und Schub zu entwickeln. Der äußere Zügel kontrolliert Geschwindigkeit sowie Abstellung und begrenzt den Schub. Der innere Zügel sollte die Biegung auffangen, die vom inneren Schenkel erzeugt wird. Der Zügelkontakt bleibt während der gesamten Lektion leicht und elastisch. Der äußere Schenkel liegt hinter dem Gurt und kontrolliert so die Hinterhand.

Beim Schulterherein muß man besonders auf die eigene Haltung achten. Wenn man nicht korrekt sitzt, ist es dem Pferd nicht möglich, die Übung auszuführen. Der Körper des Reiters muß in die gleiche Richtung zeigen wie der Körper des Pferdes. Schultern und Hüften des Reiters müssen parallel zu den Schultern und Hüften des Pferdes verlaufen. Der innere

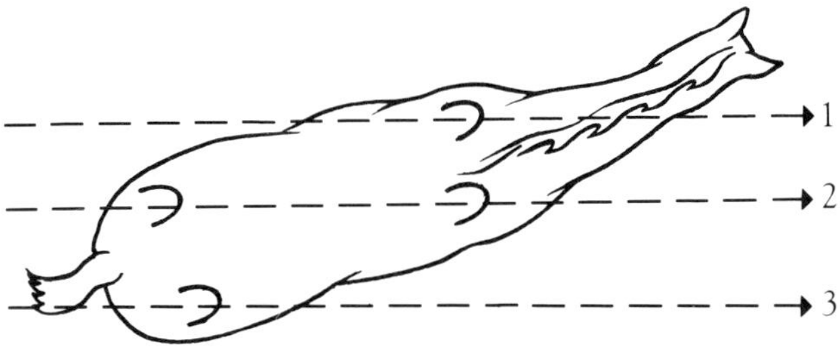

Die Hufabdrücke beim Schulterherein links: Das Pferd bewegt sich auf drei Hufschlägen.

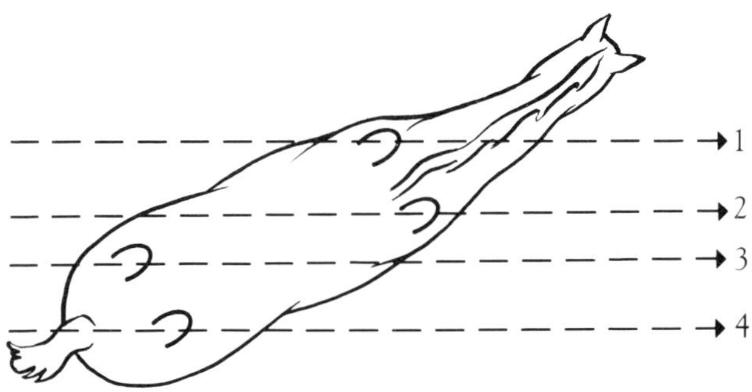

Ist die Abstellung zu stark, so geht das Pferd auf vier Hufschlägen.

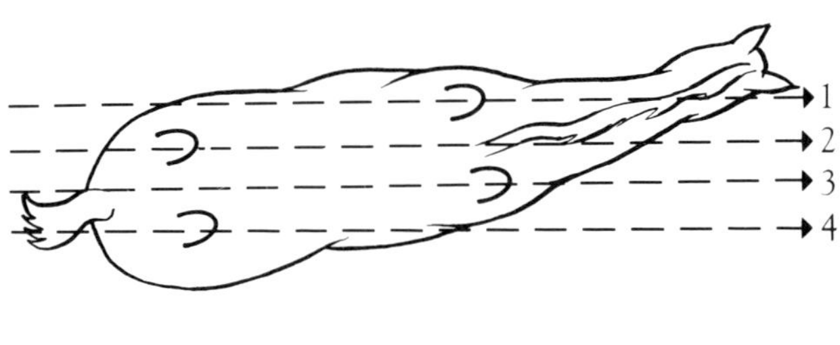

Beim Schultervor ist die Abstellung geringer als beim Schulterherein.

Sitzknochen wird etwas mehr belastet, aber man darf sich nicht nach innen oder vorne lehnen. Der Kopf bleibt erhoben, so daß man zwischen den Ohren des Pferdes durchsieht – auch wenn man anfangs vielleicht ab und zu kurz zum Hufschlag hinunterschauen muß, um sicherzustellen, daß man auf einer Linie bleibt und nicht davon abweicht. Wenn der Körper des Reiters auf dem Hufschlag geradeaus zeigt, wird auch das Pferd geradeaus auf dem Hufschlag gehen, anstatt Schulterherein zu zeigen.

Erstes Schulterherein im Schritt

Zu Beginn des Schulterherein sollte sich das Pferd im versammelten Schritt oder im Mittelschritt befinden, und es sollte an den Hilfen stehen. Auf der kurzen Seite bereitet man sich darauf vor, das Pferd ab der Ecke nach innen zu biegen. Beim Herausreiten aus der Ecke gibt man eine halbe Parade. Dann wendet man sich selbst und das Pferd so, als wollte man auf der Diagonalen reiten.

In dem Moment, in dem das Pferd vom Hufschlag abbiegen möchte, begrenzt man seine Vorwärtsbewegung mit dem äußeren Zügel und legt den inneren Schenkel am Gurt an, um es seitlich den Hufschlag entlang zu bewegen. Dabei belastet man auch den inneren Sitzknochen etwas stärker.

Die Haltung des Pferdes muß so sein, daß man es anfangs *tatsächlich* diagonal durch die Bahn reiten könnte – aber durch das Begrenzen mit dem äußeren Zügel und das Treiben mit dem inneren Schenkel reitet man statt dessen Schulterherein.

Die Abstellung sollte am Anfang eher zu klein sein als zu groß. Das Pferd muß Takt, Gleichgewicht und Aufrichtung beibehalten, und wenn es zu stark abgestellt ist, kann es eines oder mehrere dieser Kriterien nicht mehr erfüllen.

Wenn das Pferd mehrere Tritte lang ein befriedigendes Schulterherein gezeigt hat, bringt man seine Schulter zurück auf den Hufschlag und richtet es gerade. Dazu dreht man den eigenen Körper so, daß er in die gleiche Richtung zeigt wie der Hufschlag, und treibt das Pferd mit beiden Schenkeln geradeaus vorwärts, in eine gleichmäßige Zügelanlehnung hinein.

Vielleicht fragen Sie sich, warum Sie nicht quer durch die Bahn weiterreiten sollen, statt das Pferd auf dem Hufschlag wieder geradeaus zu lenken. Man kann tatsächlich beides tun, aber wenn man auf dem Hufschlag wieder geradeaus reitet, kommt das Pferd nicht so leicht auf die Idee, während des Schulterherein vom Hufschlag nach innen abzuweichen. In der fortgeschritteneren Ausbildung, wenn die Lektion Schulterherein gefestigt ist, kann man diese Übung zur Vorbereitung auf einen Mitteltrab oder einen starken Trab verwenden. Das Schulterherein verbessert die Losgelassenheit und die Versammlung und verleiht so dem Mitteltrab des Pferdes mehr Freiheit und Ausdruck. Wenn das Pferd soweit ist, kann man es auch aus dem Schulterherein auf die Diagonale in einen Mitteltrab hineinreiten.

Beherrscht man das Schulterherein auf dem Hufschlag, so kann man es auf der Mittellinie oder auf der Viertellinie probieren. Dabei kann man feststellen, wie gut die Einwirkung ist. Vermutlich wird man merken, daß man den äußeren Schenkel stärker einsetzen muß, wenn das Abweichen nach außen nicht durch eine Bande oder einen Zaun eingeschränkt wird. Denken Sie daran, daß sich die Hinterhufe des Pferdes auf der Mittel- oder Viertellinie befinden sollten, während sich die Voderbeine innerhalb davon bewegen.

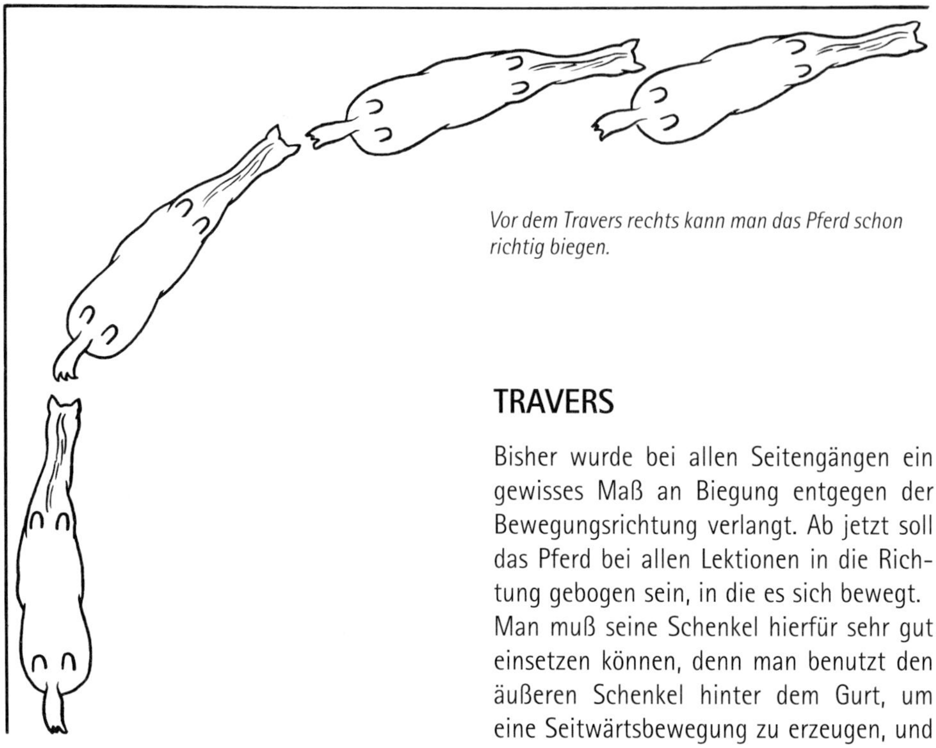

Vor dem Travers rechts kann man das Pferd schon richtig biegen.

Ein häufiger Fehler besteht darin, daß die Schulter nicht hereinkommt und statt dessen die Hinterhand nach außen ausfällt. Die Korrektur sollte hier so aussehen, daß man die Hinterhand mit Hilfe des äußeren Schenkels wieder auf die Linie oder den Hufschlag bringt und dann wie üblich die Schulter von der Linie oder vom Hufschlag weg nach innen treibt.

In Prüfungen ab Klasse M wird Schulterherein meist im versammelten Trab verlangt. Im Training fängt man im Schritt an, wodurch man für eventuelle Korrekturen mehr Zeit hat, und geht erst später zum Trab über. Man kann auch ausprobieren, zur Vorbereitung auf das Schulterherein im Trab oder im Galopp zuerst Schultervor zu reiten; damit hält man das Pferd gerade.

TRAVERS

Bisher wurde bei allen Seitengängen ein gewisses Maß an Biegung entgegen der Bewegungsrichtung verlangt. Ab jetzt soll das Pferd bei allen Lektionen in die Richtung gebogen sein, in die es sich bewegt.
Man muß seine Schenkel hierfür sehr gut einsetzen können, denn man benutzt den äußeren Schenkel hinter dem Gurt, um eine Seitwärtsbewegung zu erzeugen, und den inneren Schenkel dicht am Gurt, um die Biegung und die Vorwärtsbewegung zu erhalten. Die Einwirkung des inneren Schenkels muß stark genug sein, um das Pferd zur Biegung um den Schenkel zu veranlassen, aber sie darf nicht zu kräftig sein oder zuviel Druck ausüben, weil das die Seitwärtsbewegung aufhalten würde, die vom anderen Schenkel gefordert wird.
Travers wird auf der langen Seite oder auf der Mittellinie geritten. Die Hinterhand kommt dabei nach innen, die Vorhand bleibt auf der ursprünglichen Linie. Die Beine sollten vier Hufschläge hinterlassen: äußeres Vorderbein, inneres Vorderbein, äußeres Hinterbein und schließlich inneres Hinterbein auf dem innersten Hufschlag. Diese Übung erfordert ein hohes Maß an Einwirkung und Koordination. Deshalb sollte man sie zunächst im Schritt versuchen und erst später im versammelten Trab.

Zur Vorbereitung auf den Travers überprüft man, ob das Pferd an den Hilfen steht und ob man es nach innen biegen kann. Die Biegung ist etwa so stark wie auf einer Volte mit acht Metern Durchmesser. In der Ecke biegt man das Pferd um den inneren Schenkel, bevor man auf die lange Seite kommt. Ich verkürze vor dieser Übung gerne den inneren Zügel, so daß ich die Biegung erhalten kann, ohne dazu die Hand zurück oder seitlich über den Hals nehmen zu müssen.

Man sollte nicht zu tief in die Ecke hineinreiten – dadurch wird es nämlich schwieriger, die Hinterhand vom Hufschlag weg und nach innen zu bringen. Statt dessen kürzt man die Ecke etwas ab und wendet nach Durchreiten der halben Ecke nicht weiter ab, sondern bleibt für den Beginn des Travers in einer schrägen Position zum Hufschlag.

Äußerer Zügel und äußerer Schenkel bestimmen beim Travers die Abstellung. Der äußere Zügel führt nach außen, also etwas vom Hals weg, um die Vorhand in die richtige Position zu bringen. Der äußere Schenkel liegt hinter dem Gurt, hält die Hinterhand innen und fordert das Pferd auf, sich seitwärts den Hufschlag entlang zu bewegen. Diese Hilfen müssen so gefühlvoll und schnell gegeben werden, daß sie die Biegung nach innen nicht behindern. Der innere Schenkel erhält am Gurt Schub und Biegung, und der innere Zügel nimmt die Biegung auf, die der Schenkel hergestellt hat.
Der Körper des Reiters ist dabei so gedreht, daß er in die gleiche Richtung zeigt wie der Körper des Pferdes – ungefähr 30° von der Bande abgestellt. Äußere Schulter und äußere Hüfte müssen weiter hinten bleiben. Der innere Sitzknochen wird etwas mehr belastet, das Gesäß bleibt in der

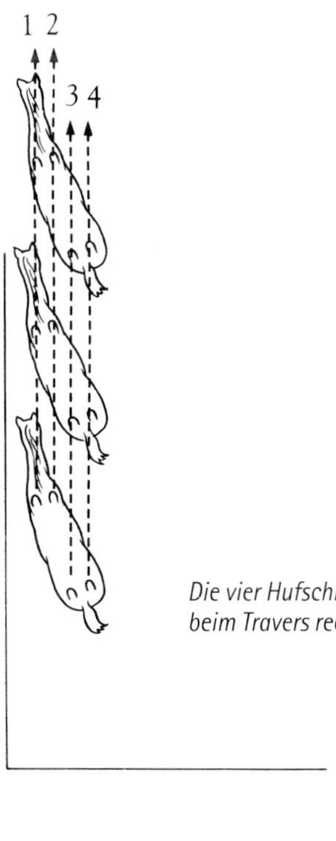

Die vier Hufschläge beim Travers rechts

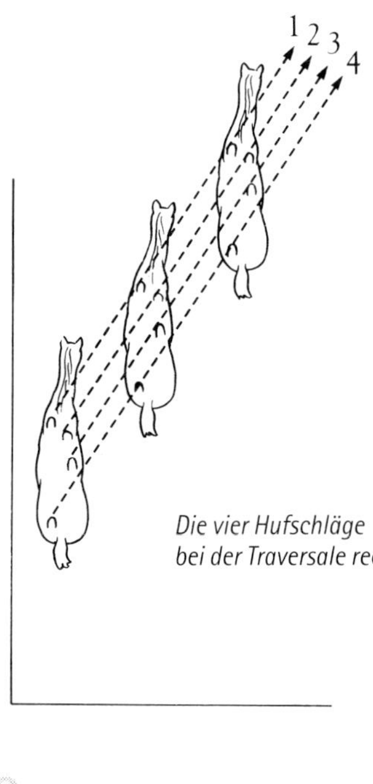

Die vier Hufschläge bei der Traversale rechts

Mitte des Sattels. Bei dieser Übung kann man ganz schnell nach außen rutschen, ohne es zu merken. Alle paar Tritte sieht man kurz nach unten auf den Hufschlag, ohne dabei die Haltung zu verändern.
Wenn man die Abstellung vergrößern möchte, dreht man den Körper etwas mehr nach außen, begrenzt die Bewegung mit dem äußeren Zügel und setzt den äußeren Schenkel stärker ein. Will man die Abstellung verringern, so dreht man den Körper mehr nach innen, treibt das Pferd mit dem inneren Schenkel vorwärts und vermindert die Fühlung mit dem äußeren Schenkel.
Wenn man sich im Schritt im Travers sicher fühlt, kann man die Übung im Trab versuchen. Man sollte aber darauf vorbereitet sein, wieder in den Schritt zurückzukehren, wenn man Probleme hat. Reitet man Travers auf der Mittellinie, so kann man sich diese Linie als eine Mauer vorstellen, hinter der man bleiben muß.
Wenn das Pferd den Travers gut beherrscht, kann man die erste Hälfte der langen Seite im Schulterherein reiten, eine Volte von acht Metern Durchmesser anschließen und die lange Seite dann im Travers beenden.

TRAVERSALE

Die Traversale ist genau die gleiche Übung wie der Travers, aber statt mit einer gewissen Abstellung am Hufschlag entlang zu reiten, bewegt man sich jetzt seitwärts-vorwärts quer durch die Bahn, wobei das Pferd parallel zur langen Seite bleibt. Man kann die gleichen Hilfen einsetzen wie beim Travers, aber jetzt stellt man sich eine diagonale Linie durch die Bahn vor und versucht, die Übung entlang dieser Linie zu reiten. Diese Vorstellung hilft dabei, sich gleichmäßig vorwärts und seitwärts zu bewegen. Zuerst probiert man das im Schritt.
Man beginnt mit der Übung, indem man bei A auf die Mittellinie abwendet – beispielsweise auf der linken Hand. Wenn man noch Zeit braucht, um sich vorzubereiten und an der Biegung zu arbeiten, kann man bei D auf der linken Hand eine Volte mit zehn Metern Durchmesser reiten. Dann stellt man sich vor, daß von D nach H eine Mauer quer durch die Bahn verläuft – wenn nötig, kann man sich zuvor eine Linie auf den Boden zeichnen – und daß man auf dem Hufschlag neben dieser Wand Travers reiten möchte.
Wenn man merkt, daß man immer mehr über diese Linie hinauskommt, reitet man zu stark vorwärts und nicht genug seitwärts.
In diesem Fall muß man den Einsatz von äußerem Schenkel und äußerem Zügel verstärken, so daß die Vorwärtsbewegung eingeschränkt und die Seitwärtsbewegung gefördert wird.
Der Körper des Pferdes soll parallel zur langen Seite sein. Anfangs ist es nicht so schlimm, wenn die Hinterhand etwas »zurückbleibt«. Eilt die Hinterhand allerdings voraus, so kann das Pferd die Beine nicht gut kreuzen, und seine Tritte werden kürzer und steifer. Trotzdem darf man nicht zulassen, daß die Hinterhand gegen Ende immer mehr zurückbleibt, sonst verliert man die Biegung und die Seitwärtsbewegung. Bei der Traversale ist es wichtig, sauber anzufangen und sauber aufzuhören.
Beim ersten Tritt sollte die Vorhand etwas führen. Wenn man aus einer Schulterherein-Position anfängt, kann man die Traversale flüssiger einleiten, und auf diese Art kann man auch gut sicherstellen, daß das Pferd korrekt um den inneren Schenkel des Reiters gebogen ist.

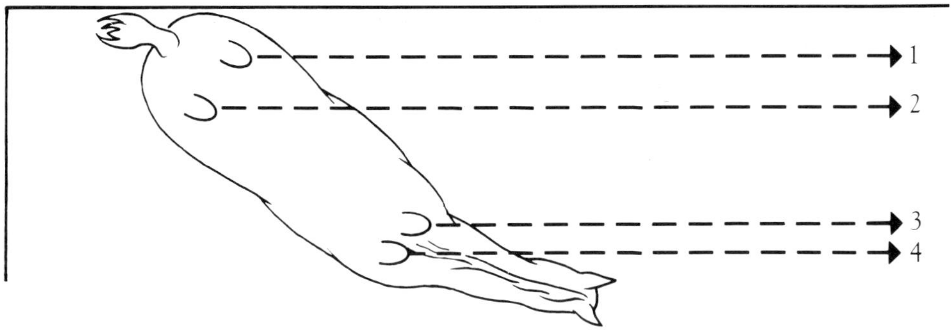

Beim Renvers links bewegt sich das Pferd im Uhrzeigersinn um die Bahn. Die Vorhand wird in die Bahn geführt, die Hinterhand bleibt auf dem Hufschlag. Das Pferd ist nach links gebogen und gestellt; es bewegt sich je nach Abstellung auf drei oder vier Hufschlägen.

Nimmt das Pferd schon vor dem Beginn der Traversale die Hinterhand nach innen, so sollte man es korrigieren und es dann vorbereiten, indem man einige Tritte Schultervor reitet. Man darf erst mit der Traversale beginnen, wenn das Pferd völlig an den Hilfen steht. Das kann bedeuten, daß man noch einmal mit der Wendung bei A anfangen muß, wenn die Korrektur mehr als die halbe Länge der Mittellinie in Anspruch genommen hat.

Man kann auch an der langen Seite mit der Traversale anfangen und sie auf der Mittellinie beenden. Das ist insofern besser, als man sich am Schluß aussuchen kann, auf welcher Hand man weiterreiten möchte. Wenn es nötig ist, kann man auf der bisherigen Hand bleiben, zurückreiten und das Ganze noch einmal wiederholen. Reitet man von der Mittellinie in Richtung Hufschlag, so befindet man sich am Schluß auf der anderen Hand und muß einen Handwechsel vornehmen, bevor man die Übung noch einmal ausführen kann.

Man sollte nicht versuchen, gleichzeitig an Traversalen links und rechts zu arbeiten. Erst einmal trainiert man auf der einen Hand, und wenn man damit zufrieden ist, versucht man es auf der anderen Hand. Wenn man allerdings ewig lang erfolglos versucht hat, ein Problem auf einer Hand zu korrigieren, sollte man die andere Hand auf einen anderen Tag verschieben.

Traversalen werden ab Klasse M im Trab und ab Klasse S im Galopp verlangt. Für Galopptraversalen muß der Galopp gut ausbalanciert und versammelt sein. Wenn der Galopp zu frei ist oder wenn die Sprünge lang und mühsam gezeigt werden, hat das Pferd nicht genügend Schub für die gleichzeitige Vorwärts- und Seitwärtsbewegung und fällt dann leicht in den Trab. Traversalen im Galopp reitet man am besten von der langen Seite auf die Mittellinie, so daß man auf der ursprünglichen Hand bleiben kann. Wenn man sie von der Mittellinie nach außen reitet, muß man aufpassen, daß man den Hufschlag ein gutes Stück vor der Ecke erreicht, so daß man entweder einen einfachen Galoppwechsel machen oder sich auf das Durchreiten der Ecke im Außengalopp vorbereiten kann.

RENVERS

Dem Renvers liegt der gleiche Bewegungsablauf zugrunde wie dem Travers und der

Traversale. Renvers ist aber schwieriger zu reiten, weil das Pferd dabei – ähnlich wie beim Schulterherein – ins Bahninnere gestellt ist. Das Pferd ist nach außen gebogen, und es soll sich auf vier Hufschlägen bewegen, nicht auf drei.

Für den Renvers links führt man die Vorhand wie fürs Schulterherein vom Hufschlag weg nach innen, biegt das Pferd dann aber nach links. Dazu nimmt man den rechten Schenkel leicht zurück und den linken etwas weiter vor, belastet den linken Sitzknochen ein bißchen mehr und nimmt den linken Zügel kürzer. Als Alternative dazu kann man Renvers auch auf der Mittellinie reiten – dazu braucht man eine noch bessere Einwirkung, aber der Anfang fällt leichter.

KURZKEHRTWENDUNG

Die Kurzkehrtwendung ist eine Wendung um 180°, bei der die Hinterhufe fast auf der Stelle einen kleinen Halbkreis beschreiben, während die Vorderhufe in einem größeren Halbkreis um die Hinterhand herumtreten. Diese Übung wird im Schritt (und später im Galopp) ausgeführt, wobei das Pferd leicht nach innen gebogen ist. Während der ganzen Übung soll der gleichmäßige Viertakt des Schritts beibehalten werden.

Dazu sollte man seine Hilfen gut koordinieren können und das Pferd stetig an das Gebiß heranreiten. Es muß in die Richtung der Wendung gebogen sein und darf auf keinen Fall rückwärts treten.

Wenn man die Kurzkehrtwendung auf dem Hufschlag beginnt, läßt man die Vorhand nach innen herumtreten. Die Hinterhand bleibt auf dem Hufschlag oder entfernt sich zumindest nicht weit davon, und die Vorhand beschreibt einen größeren Halbkreis um die Hinterhand. Der Radius des Kreises entspricht dem Abstand zwischen den Hinter- und den Vorderbeinen des Pferdes. Man beendet die Übung auf dem Hufschlag und befindet sich nun auf der anderen Hand.

Für die Kurzkehrtwendung macht man das Pferd mit einer halben Parade aufmerksam, belastet den inneren Sitzknochen etwas mehr und bringt die Vorhand wie fürs Schultervor vom Hufschlag nach innen. Dadurch bekommt das Pferd einen Anhaltspunkt, in welche Richtung es die Wendung durchführen soll, und man stellt sicher, daß die Hinterhand am Anfang nicht die Führung übernimmt. Das ist wichtig, weil die Kurzkehrtwendung sonst zu groß wird.

Der äußere Schenkel wird hinter dem Gurt eingesetzt, um das Pferd herumzutreiben. Er tritt abwechselnd mit dem inneren

Kurzkehrtwendung links

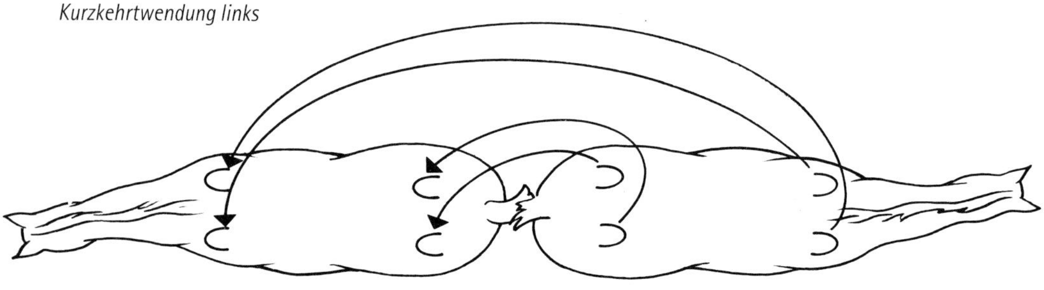

Schenkel in Aktion, der am Gurt liegt, um die Bewegung zu erhalten. Der äußere Zügel begrenzt die Wendung und die Geschwindigkeit, der innere Zügel gibt die Richtung für die Bewegung vor und kontrolliert die Biegung.
Hüften und Schultern des Reiters bleiben parallel zu denen des Pferdes. Man blickt zwischen den Ohren des Pferdes hindurch und paßt auf, daß man nicht hinter der Bewegung zurückbleibt. Das Pferd muß aktiv durch die Wendung gehen. Seine Beine müssen den Takt und die Fußfolge der Gangart Schritt beibehalten. Wenn die Hinterfüße auf der Stelle bleiben, dreht sich das Pferd um diesen Angelpunkt und verliert das Gleichgewicht.

Kurzkehrtwendung rechts im Schritt

11

Vorbereitung aufs Turnier

Die Teilnahme an einem Turnier ist eine gute Methode, den Stand der Ausbildung zu überprüfen. In einer Prüfung von vier oder fünf Minuten Dauer kommt alles zum Tragen, was Reiter und Pferd gelernt haben. Das bedeutet, daß man sich eine Prüfung aussuchen sollte, die dem Ausbildungsstand von Reiter und Pferd entspricht. Es gibt fünf Klassen, beginnend bei E (Einsteiger) und A (Anfänger) über L (Leicht) und M (Mittel) bis S (Schwer).
In der Klasse E werden Schritt, Trab und Galopp auf beiden Händen mit einigen einfachen Handwechseln und Zirkeln gefordert. Wenn man diese Grundanforderungen beherrscht und korrekte Übergänge zwischen den einzelnen Gangarten reiten kann, ist man für die erste Prüfung bereit. Bei der Vorbereitung auf das Turnier wird man auch auf die Schwächen stoßen, auf die man sich zukünftig konzentrieren muß.

GUTE VORBEREITUNG IST WICHTIG

Wenn man noch nie an einer Dressurprüfung teilgenommen hat, kann das erste Turnier eine ganz schöne nervliche Belastung sein. Durch gute Vorbereitung kann man sicherstellen, daß man einen Tag ohne Ärger erleben wird, der einem Freude bereitet.

Das Dressurreiten findet immer mehr Freunde, und es gibt genügend Turnierveranstaltungen, aus denen man sich eine Prüfung aussuchen kann. Wenn es sich nicht gerade um ein internes Stallturnier handelt, muß der Reiter Mitglied in einem anerkannten Reitverein sein. Über diesen Verein kann man auch eine Liste aller Turniere erhalten, die in der Gegend ausgeschrieben sind. Für die Teilnahme an Prüfungen der Klasse A und aller höheren Klassen muß das Pferd beim jeweiligen Dachverband als Turnierpferd eingetragen sein – also in Deutschland bei der Deutschen Reiterlichen Vereinigung, der FN (Fédération Equestre Nationale), in Österreich beim Bundesfachverband für Reiten und Fahren und in der Schweiz beim Schweizer Verband für Pferdesport.
Gerade Prüfungen der Klasse E werden oft im Rahmen von Stallturnieren durchgeführt, so daß man sich bei örtlichen Reitschulen, Reitvereinen oder Reiterhöfen nach den Teilnahmemöglichkeiten und -bedingungen erkundigen sollte. Zeitpläne für solche Veranstaltungen hängen oft bei Futtermittelhändlern oder in Reitsportgeschäften aus, und die Turniere werden häufig auch in der Lokalpresse oder auf Plakaten angekündigt. Die gültige Turnierordnung kann man über den Reitverein, den Buchhandel oder direkt beim natio-

nalen Dachverband bekommen. In Deutschland ist die Leistungsprüfungsordnung (LPO) für alle offiziellen Turniere maßgeblich.
Selbst wenn man sein Pferd noch nicht als Turnierpferd eintragen lassen möchte, ist es meistens empfehlenswert, sich einem Reitverein anzuschließen. Dort werden Reiter und Pferde gemäß LPO ausgebildet. Die einzelnen Aufgaben der LPO werden häufig neu geschrieben oder geändert, und manche ältere Aufgaben werden ungültig. Wenn man an einer Prüfung teilnehmen möchte, sollte man sich vorher vergewissern, daß man die neueste Fassung der betreffenden Aufgabe hat beziehungsweise daß in der Ausschreibung diejenige Fassung der Aufgabe genannt ist, die einem vorliegt.
Die letzte Grippeschutzimpfung des Pferdes sollte noch nicht zu lange zurückliegen; bei manchen Turnieren wird man nur mit gültigem Impfpaß zugelassen. Außerdem sollte man rechtzeitig an den Hufbeschlag denken: Es ist nicht sinnvoll, das Pferd kurz vor dem Turnier neu beschlagen zu lassen, denn ein frisch beschlagenes Pferd geht oft zunächst etwas »klamm« und bewegt sich vielleicht nicht so frei wie sonst. Andererseits geben abgelaufene Eisen wenig Halt und sind keine sichere Sache.
Wenn also ein Neubeschlag fällig ist, sollte man das Pferd etwa eine Woche vor dem Turnier beschlagen lassen und im Bedarfsfalle daran denken, Eisen mit Stollenlöchern aufnageln zu lassen.

Die allererste Prüfung

Für das erste Mal sollte man sich ein kleines und überschaubares örtliches Turnier aussuchen. Es ist wichtig, daß Pferd und Reiter an diesem Tag ihre Freude haben. Für beide sollte es eine ruhige Einführung sein, so daß sie sehen können, worum es eigentlich geht. Natürlich muß man so gut wie möglich reiten und aussehen, aber man sollte keinen Sieg erwarten! Am besten nimmt man sich vor, sein Bestes zu geben und zu zeigen, daß man sein Pferd soweit gut ausgebildet hat. Das ist für den Anfang auf jeden Fall genug.

ÜBEN FÜR DIE AUFGABE

Wenn man die Nennungsbestätigung erhalten hat, wird es Zeit, die Aufgabe so zu lernen, daß man den Ablauf klar im Kopf hat. In manchen Prüfungen wird die Aufgabe auch vorgelesen, das steht dann in der Ausschreibung.
Man sollte den Text sehr sorgfältig lesen, bevor man die Aufgabe zum erstenmal reitet. Dabei paßt man genau auf, wo die Übergänge stattfinden sollen, denn sie müssen normalerweise an einem bestimmten Bahnpunkt durchgeführt werden. Das heißt nicht, daß an diesem Punkt plötzlich durchpariert werden muß – ganz im Gegenteil, die Übergänge sollen weich und fließend geritten werden. Der Übergang soll dann erfolgen, wenn sich der Körper des Reiters auf der Höhe des jeweiligen Bahnpunktes befindet. Man muß das Pferd also gut vorbereiten.
Der Reiter soll zeigen, daß er eine korrekte Grundhaltung einnehmen und das Pferd einfühlsam und wirkungsvoll durch die geforderten Lektionen reiten kann. Vom Pferd erwarten die Richter reine und gleichmäßige Gänge. Es soll Vorwärtsdrang zeigen, geradegerichtet sein und bei guter

Aufrichtung gleichmäßig an das Gebiß herantreten. Pferd und Reiter sollten ein Bild von zufriedener Partnerschaft und solider Grundausbildung abgeben, auf der die weitere Ausbildung aufbauen kann. Was die Richter auf diesem Niveau ebensowenig sehen wollen wie in den höheren Klassen, ist ein Pferd, das sich verkrampft bewegt oder das der Aufgabe offensichtlich noch nicht gewachsen ist.

Einreiten, Halten und Grüßen

Jede Dressurprüfung beginnt mit dem Einreiten bei A. Dann reitet man auf der Mittellinie durch die Länge der Bahn, pariert zum Halten durch und grüßt, was meistens bei X stattfinden soll. Der erste Eindruck ist sehr wichtig! Man sollte deshalb üben, von beiden Seiten her im Trab ohne Zögern die Mittellinie entlangzureiten, bis man auf der Linie völlig gerade bleiben kann. Dann trainiert man das Halten bei X; wenn man sich X nähert, gibt man mehrere halbe Paraden, um sicherzustellen, daß man das Pferd unter Kontrolle hat.

Steht das Pferd wirklich an den Hilfen und läuft es nicht nach seinen eigenen Vorstellungen durch die Gegend, so sollte der Reiter es mit den Schenkeln vorwärts in das Halten hineinreiten können. Dadurch kann es im Halten besser im Gleichgewicht bleiben, und auch das erneute Anreiten ist einfacher. Die Schenkel halten es außerdem gerade, so daß es gleichmäßig auf allen vier Füßen stehenbleibt.

Wenn man mit dem Halten bei X Schwierigkeiten hat und dazu ziemlich stark mit den Zügeln einwirken muß, führt das zu vielen Problemen – beispielsweise zu Schiefe, Verspannung, Widerstand und unruhigem Stehen. Man sollte den Schwierigkeiten beim Halten auf den Grund gehen, bevor sich das Pferd angewöhnt hat, die Mittellinie entlangzurennen.

In einem solchen Fall sollte man üben, die Mittellinie entlangzutraben und dabei mehrere Übergänge zum Schritt und zum Halten auszuführen. Das wiederholt man so lange, bis das Pferd jedesmal durchlässig reagiert. Anschließend kann man Einreiten, Halten und wieder Anreiten als Einheit trainieren. Das Anreiten soll geradeaus erfolgen, und das Pferd sollte sich energisch auf C zubewegen. Das Abwenden bei C bereitet man vor, indem man das Pferd schon leicht in die entsprechende Richtung biegt. Das sorgt bei Pferd und Richtern für die Zuversicht, daß der Reiter auch weiß, wohin er abwenden will.

Der Gruß soll eine einfache, ruhig durchgeführte Bewegung sein. Man hebt sich dabei nicht aus dem Sattel und verbeugt sich – das sieht nicht nur scheußlich aus, sondern bringt einen auch aus dem Gleichgewicht. Seit die empfehlenswerten Reitkappen mit Kinnschale Pflicht sind, wird die Kappe beim Gruß nicht mehr abgenommen, auch von Männern nicht. Wenn das Pferd im Halten sicher steht, schaut man geradeaus zu den Richtern und lächelt – aber nicht grinsen! Dann nimmt man Zügel und Gerte (falls man eine benutzt) in eine Hand, vorzugsweise in die linke. Es gibt allerdings keine festen Regeln dafür, welche Hand zu benutzen ist. Man läßt den rechten Arm an der rechten Hüfte entlang nach unten sinken, wobei der Handrücken zu den Richtern weist und die Finger nach unten hängen, und nickt langsam mit dem Kopf. Anschließend nimmt man mit der rechten Hand wieder den rechten Zügel auf, reitet aber nicht gleich eiligst im Trab los. Man zählt still bis drei, reitet dann erst an und beginnt mit der Aufgabe. Nun reitet man eine Lektion nach der anderen, wobei man sich völlig auf jede Bewegung konzentriert.

Vertrautheit mit den Lektionen

Wenn der Turniertermin näher rückt, sollte man sich seinen Arbeitsplan so einteilen, daß man die Aufgabe einige Male ganz durchgeritten hat. Es ist wichtig, daß einem alle Figuren und ihre genaue Ausführung geläufig sind, und während man sich damit vertraut macht, lernt man auch, wie sich das Pferd bei welcher Lektion dem Reiter zu entziehen versuchen kann. Als Reiter muß man dem Pferd immer einen Schritt voraus sein, um sicherzustellen, daß es keine Chance hat, mit irgendwelchen Tricks durchzukommen.

Wenn man die Aufgabe zu oft reitet, kommt es vor, daß das Pferd schließlich weiß, welche Lektion als nächste an der Reihe ist. In einem solchen Fall muß man überpüfen, ob man das Pferd wirklich an die Hilfen gestellt hat und auf es einwirken kann. Fängt das Pferd von sich aus mit einer Lektion an, die es als nächste erwartet, so kann dies daran liegen, daß der Reiter in seiner Hilfengebung nicht deutlich genug war.

Wenn das Pferd immer noch von selbst mit der nächsten Lektion beginnen will, muß man die Aufgabe Lektion für Lektion reiten. Zwischen zwei Lektionen geht man eine Volte im Schritt, so daß man das Pferd mit Schenkeln und Zügeln einrahmen und es daran hindern kann, in die nächste Lektion hineinzurennen.

Meistens haben Pferde nach einem freien Schritt am langen Zügel eigene Ideen; sie traben beispielsweise los, wenn man die Zügel aufnimmt. In einem solchen Fall kann man versuchen, jedesmal nach dem freien Schritt beim Aufnehmen der Zügel zum Halten durchzuparieren, so daß das Pferd das Aufnehmen der Zügel allmählich mit dem Halten in Verbindung bringt und weniger mit Losrennen. Wenn man dann in der Prüfung die Zügel aufnimmt, wird das Pferd erwarten, daß es jetzt halten soll. Setzt man nun die Schenkel ein und treibt es im Schritt weiter, so muß man nicht befürchten, daß es lostrabt.

AUSRÜSTUNG UND KLEIDUNG

In der LPO sind auch Ausrüstung und Kleidung geregelt. Auf E-Niveau sollte man eine einfache gebrochene Trense verwenden, aber man kann ruhig einmal nachsehen, welche Gebisse und Nasenriemen man laut LPO einsetzen darf. Wenn das Gebiß, das man normalerweise verwendet, nicht erlaubt ist, wird man sich ein anderes aussuchen müssen. *Jede* Änderung in letzter Minute sollte aber vermieden werden.

Eine weiße Satteldecke sieht ansprechender aus als eine farbige; bei einem Schimmel kann aber auch Schwarz gut aussehen. Satteldecken in Sattelform sind empfehlenswert; bei einem Pferd mit langem Rücken ergibt auch eine Schabracke ein gutes Bild. Welche Satteldecke auch immer man verwendet: Sie muß sicher befestigt sein, so daß sie weder rutscht noch Falten wirft.

Wenn man anstelle eines Ledergurtes einen Gewebegurt benutzen möchte, sollte er entweder weiß sein oder eine Farbe haben, die auf dem Fell des Pferdes nicht auffällt. Rote, gelbe oder blaue Gurte sind für das Dressurviereck nicht die richtige Wahl. Auch leuchtend farbige Zügel oder Stirnriemen sind fehl am Platze.

Der Reiter kann auf E-Niveau eine normale schwarze oder blaue Reitjacke tragen, dazu Krawatte oder Plastron mit Nadel. Die Reithosen sind normalerweise weiß, ein

Unordentliche Haare können einen ansonsten perfekten Eindruck zunichte machen.

Die Haare sind ordentlich zusammengebunden, sie bleiben nahe am Kappenrand, und es hängen keine Strähnen herunter.

helles Beige ist auch zulässig. Das gleiche gilt für Reithemd oder Reitbluse: Auch sie sollten weiß oder in einer unauffälligen hellen Farbe gehalten sein. Daneben sind Handschuhe und natürlich auch die Reitkappe vorgeschrieben.

Die Haare unter der Kappe sollten ordentlich aussehen, und es sollten keine Strähnen herunterhängen. Für Reiterinnen mit langen Haaren empfiehlt es sich, ein Haarnetz zu tragen oder die Haare zu einem Zopf zu flechten und diesen mit einem Gummiband oder ähnlichem hochzubinden, so daß nicht auf halber Rückenhöhe ein großes, unordentlich aussehendes Haarbündel herumtanzt.

PRÄSENTATION DES PFERDES

Für die Erscheinung des Pferdes gibt es keine Punkte, aber je ordentlicher und gepflegter es aussieht, desto besser ist der erste Eindruck beim Betreten des Platzes. Wenn Pferde im Winter geschoren werden, sollte man darauf achten, daß die Übergänge von den geschorenen Körperpartien zum Winterfell gleichmäßig und sauber sind; ansonsten wirkt das Pferd leicht unproportioniert.

Die Mähne sollte nach Möglichkeit eingeflochten werden. Eine gut verzogene Mähne ist viel einfacher einzuflechten als eine lange, buschige. Wenn die Mähne also das Verziehen nötig hat, sollte man das bereits etwa eine Woche vor dem Turnier tun. Ich ziehe es vor, auch den Stirnschopf einzuflechten, aber er kann auch im Naturzustand bleiben.

Der Schweif sieht ebenfalls am besten aus, wenn er verzogen oder eingeflochten ist, aber wenn das Pferd eine heftige Abneigung dagegen hat, kann man den Schweif auch regelmäßig bandagieren, damit er ordentlicher wirkt.

Das untere Schweifende sollte so geschnitten werden, daß alle Haare bei getragenem Schweif den gleichen Abstand zum Boden haben.

In E- und A-Prüfungen darf in England auch mit dem dort so beliebten Tweed-Jackett geritten werden.

AUF DEM TURNIERPLATZ

Man sollte mindestens eine Stunde vor dem Start auf dem Turnierplatz eintreffen. Als erstes geht man zur Meldestelle und holt sich dort seine Startnummer oder die Starterliste. Man sollte sicherstellen, ob die Prüfung immer noch zur geplanten Zeit stattfinden soll und auf welchem Platz man reiten wird. Außerdem ist zu klären, wo der Vorbereitungsplatz ist und ob man sich bei einer Platzaufsicht melden muß. Wenn die Prüfung bereits angefangen hat, sollte man ein oder zwei anderen Startern zusehen. Dadurch kann man feststellen, wie die Bodenverhältnisse sind und welches Startsignal die Richter benutzen. Außerdem erinnert man sich dadurch nochmals an die Aufgabe.

Wenn Reiter und Pferd fertig sind, sitzt man auf und reitet im ruhigen Schritt herum, so daß das Pferd die Atmosphäre und die Umgebung kennenlernen kann. Dieses Umherreiten hilft ihm, sich nach dem Transport zu entspannen, bevor man wirkliche Arbeit von ihm erwartet. Zum Abreiten sucht man sich wenigstens einen Zirkel. Man muß darauf achten, daß dieser Zirkel nicht immer größer wird, und man sollte so diszipliniert reiten, als wäre man bereits im Dressurviereck.

Diese Abreitephase ist sehr wichtig, und

man sollte sich hier völlig konzentrieren, wenn man später auf dem Platz eine gute Leistung erbringen möchte. Man muß sich das Vertrauen und den Respekt seines Pferdes erwerben, indem man es mit Konsequenz reitet und so mit ihm arbeitet, wie man es zu Hause tun würde.

Man sollte viele Übergänge reiten und alle Lektionen, die man in der Prüfung reiten muß, einzeln durchgehen.

Lektionen, die das Pferd für diese Prüfung durcheinanderbringen könnten, vermeidet man besser.

Bei alledem behält man ein Auge auf die Platzaufsicht und achtet darauf, ob die Prüfung nach Zeitplan abläuft oder nicht. Man muß einige Minuten einkalkulieren, die man vielleicht benötigt, um die Gamaschen abzunehmen oder noch einmal Fliegenlotion aufzutragen.

Wenn der vorige Starter die Prüfung beendet hat, begibt man sich in das Viereck und fängt an, auf dem Hufschlag um den Platz zu reiten. Dabei achtet man darauf, daß die Startnummer vom Richtertisch aus zu sehen ist. Man reitet so lange um den Platz herum, bis man die Aufforderung erhält, anzufangen. In diesen entscheidenden Augenblicken vor dem Start sollte man nie das üben, was man nicht gut kann; statt dessen zeigt man, was man gut beherrscht.

DIE PRÜFUNG

Man reitet auf der Hand ein, auf der es einem beim Training immer am leichtesten gefallen ist. Gerichtet wird ab dem Augenblick, in dem man das Dressurviereck bei A »offiziell« betritt, und von da an bis zum abschließenden Grüßen. Der Richtertisch befindet sich immer bei C; dort sitzen mindestens zwei Richter oder Richterinnen und ein Schreiber, der die Bewertungen der einzelnen Lektionen und auch etwaige Bemerkungen der Richter notiert.

Für die Korrektheit der Gänge, den Gesamteindruck und für Sitz und Einwirkung des Reiters werden »Gesamtnoten« vergeben. Daneben geben die Richter meistens noch einige konstruktive Kommentare ab. Am Ende der Prüfung werden die Noten zusammengerechnet, und der Sieger wird ermittelt.

Das Reiten einer Prüfung erfordert höchste Konzentration von Pferd und Reiter. Während einer meiner ersten A-Dressurprüfungen, ich war damals zwölf Jahre alt, galoppierte plötzlich ein reiterloses Pferd durch mein Dressurviereck. Ich war so auf die Prüfung konzentriert, daß ich gar nicht richtig mitbekam, was los war, und es gelang mir, die Aufgabe ohne Unterbrechung weiterzureiten. Die unerwartete Aufregung beflügelte mein Pony in ungewohnter Weise, und wir gewannen die Prüfung! Aber die eigentliche Lehre aus dieser Erfahrung war, daß Starter auf anderen Plätzen, die rascher reagierten als ich, anhielten, um den Ausreißer durchzulassen. Danach hatten sie dann größte Schwierigkeiten, die Aufmerksamkeit und Konzentration ihrer Pferde wiederzuerlangen.

Ich habe aus dieser Episode gelernt: Was auch immer passiert – weiterreiten! Selbst wenn man einen schrecklichen Fehler macht, sollte man die Prüfung nicht abbrechen. Jede Lektion wird einzeln bewertet. Wenn man zum Beispiel komplett vergißt, eine vorgeschriebene Volte zu reiten, bekommt man dafür 0 von 10 Punkten. Reitet man danach aber gut weiter, so gibt es eigentlich keinen Grund, warum man für die nächste Lektion nicht 7 Punkte bekommen sollte.

Wenn man die Prüfung beendet hat, verläßt man den Platz bei A, und zwar im freien Schritt am langen Zügel. Man sollte daran denken, daß man dabei immer noch von den Richtern gesehen wird.

Selbst wenn die Prüfung nicht perfekt abgelaufen ist, sollte man sich jetzt intensiv um sein Pferd kümmern. Man führt es im Schritt herum, bis es abgekühlt und entspannt ist, bevor man es zurück in den Transporter bringt. Erst wenn es dem Pferd gut geht, kann man sich um sich selbst kümmern.

Wenn man damit fertig ist, findet man wahrscheinlich schon seine Bewertung auf der Startertafel vor. Ist die Prüfung bereits beendet, so kann man sich sein Ergebnisprotokoll abholen, auf dem die Noten und Bemerkungen der Richter stehen. Dieses Protokoll muß man sich sorgfältig durchlesen und herauszufinden versuchen, wodurch die Vorstellung hätte besser werden können.

Man sollte auch dann zur Siegerehrung kommen, wenn man nicht plaziert worden ist, und es ist ein Gebot der Höflichkeit, sich in der Meldestelle oder bei den Organisatoren zu bedanken, bevor man wieder heimfährt.

Die Teilnahme an einem Turnier sollte Reiter und Pferd Spaß machen und für beide eine Herausfoderung sein. Wenn man gut vorbereitet ist und mit Ruhe an alles herangeht, sind die wichtigsten Voraussetzungen für ein schönes Erlebnis schon gegeben.

Adressen

Deutschland:

Deutsche Reiterliche Vereinigung
Freiherr-von-Langen-Straße 13
D – 48231 Warendorf
Telefon: 02581/63620

Österreich:

Bundesfachverband für Reiten
und Fahren
Geiselbergstraße 26-32/512
A – 1110 Wien
Telefon: 1/7499261

Schweiz:

Schweizer Verband für Pferdesport
Papiermühlenstr. 40a
CH – 3000 Bern 22
Telefon: 031/3354343

Sachregister

Die Seitenzahlen in *Kursivschrift* weisen auf Abbildungen hin.

Abstellung bei Seitengängen 101
An-den-Zügel-stellen 38
Angaloppieren 35
Anlehnung 38, *40*, *43*
Arbeit auf zwei Hufschlägen 100, *100*
Atmung 8
Aufrichtung 38, *39*
Ausrüstung 19, *49*, *62*, 117
Außengalopp *51*, 70
Aussitzen 30

Beizäumung 38, *39*
Biegung 44
Bögen durch die ganze Bahn 98

Diagonale 33

Ellbogen *10*, 11
Erholungsphase 25, 26
Exterieur 25, 83

Fell 118
Fuß wechseln 32, 66

Galopp 35, *36*, *50*, 53, *63*, 81
Gangarten 27–37
Gebisse 22, *22*, 41
Geraderichtung *56*, *57*, 85, *85*
Gerte 18, 23, *24*
Geschorenes Pferd 118
Gleichgewicht 8, 46, 76, *77*, *79*
Grüßen 61
Gurte 67

Haare *118*, 118
Halbe Parade 80
Halten 48, 71, *72*, *73*, *74*
Haltung *7*, 7, *49*
Hände 45

Handschuhe 21
Handwechsel 32, 92
Hilfen 15–18, *16*
Hilfsmittel 17
Hinterhandwendung 102

Impfpaß 115

Jodhpurhosen 21

Kadenz 84
Kreisbogen 92, *92*, 94
Kurzkehrtwendung 112, *112*, *113*

Leichttraben 30
Longieren *2*, 12
Lösephase 25
Losgelassenheit 85, 89

Mähne einflechten 118
Martingal 23
Metronom 78

Paßgang 29, 35

Reitbahn 19, *20*
Reithosen 21
Reitkappe 21
Reitstiefel 21
Reitverein 114
Renvers 111, *111*
Richter 120
Richtungswechsel 92
Rückwärtsrichten 48, 71, *75*

Sattel *8*, 8, *9*
Satteldecke 21, *21*, 22
Sattelzwang 67
Schenkelweichen 103, *104*
Schiefe *86*, 87, *88*
Schlangenlinien 96, 97, *97*
Schritt 27, *29*, *54*

Schub 68
Schulterherein *58*, 105, *106*, 107
Schultervor 105
Schweif 118
Selbsthaltung 84
Sitz *7*, 7, 9–11, *10*, *49*
Sporen 18
Steigbügel 12, 14
Stiefel 21
Stimmhilfe 17
Stoßzügel 23
Streichgamaschen *23*, 23

Takt 76
Trab 29, *31*, *33*, *52*, *55*, *62*
Travers *59*, 108, *108*, 109
Traversale *60*, *109*, 110
Turnier 114

Übergänge 48, 65
Überstreichen 46, 99

Volte 95, 95
Vorhandwendung 102

Wendung auf der Hinterhand 102
Wendung auf der Vorhand 102

Zaumzeug 22
Zirkel 93, *93*
Zügel 11, *12*, 44, *45*